ANSELM GRÜN ANDREA LANGENBACHER

Das große Hausbuch
für die ganze Familie

Die kleinen Dinge

In diesem Haus wollen wir die kleinen Dinge lieben,
das Zarte, das Unscheinbare,
das Schwache und Leise,
das in uns und zwischen uns atmet
und nach dem Segen des Künftigen fragt.
Wir wollen die kleinen Dinge hüten,
das Geringe, das sich seiner Größe nicht erinnert,
das Wachsende, dem zu oft Gewalt angetan wurde,
und das Hoffnungsvolle,
das stiller wurde mit jeder Verletzung.
Wir wollen die kleinen Dinge ehren,
das Beginnende, das die lauten Töne meidet,
das Heilige, das sich in der Einfachheit des Alltags verbirgt,
und die stillen Momente, die uns verwandeln,
wenn wir bereit sind zu lauschen.
Wir wollen die kleinen Dinge lieben,
sie einladen in unsere ruhende Herzmitte,
ihnen Platz geben in unseren Räumen,
dort, wo sie beharrlich
die Schönheit einer neuen Welt beschwören.

GIANNINA WEDDE

ANSELM GRÜN ✦ ANDREA LANGENBACHER

Das große Hausbuch für die ganze Familie

Vier-Türme-Verlag

Inhalt

Extra-Tipp zu den Liedern siehe Seite 255

Einleitung 7

DER WINTER 15

Advent **Sucht in Sehnsucht verwandeln** 18

Barbara **Liebeszweige im kalten Winter** 27

Nikolaus **Der väterliche Mensch** 32

Weihnachten **Das göttliche Kind in uns** 37

Silvester **Einen Übergang vollziehen** 45

Neujahr **Einen neuen Anfang wagen** 53

Epiphanie **Wir sind die Herrlichkeit Gottes** 60

Taufe Jesu **Bedingungslos geliebt sein** 69

Mariä Lichtmess **Das Verlorene suchen** 78

Fastnacht und Aschermittwoch **Verzicht als Verstärkung des Lebens** 89

DER FRÜHLING 97

Mariä Verkündigung **Die Saat aussäen** 105

Palmsonntag und die Karwoche 109

Gründonnerstag, Karfreitag und Karsamstag **Als königliche Menschen den Leidensweg gehen** 114

Ostern **Der Sieg des Lebens** 122

Osterzeit **Das Leben setzt sich durch** 130

Marienmonat Mai **Die Schönheit besingen** 133

Christi Himmelfahrt **Der Himmel ist in dir** 143

Pfingsten **Vom Geist erfüllt** 151

Dreifaltigkeit **Der offene Gott** 160

DER SOMMER 165

Fronleichnam **Die Verwandlung der Welt** 168

Herz Jesu **Der verwundbare Mensch** 172

Johannes der Täufer **Sonnenwende** 176

Mariä Heimsuchung **Verwandlung durch Begegnung** 183

Verklärung **Verwandlung durch das innere Licht** 187

Mariä Himmelfahrt **Der Schönheit Raum geben** 191

Mariä Geburt und Mariä Namen **Neu geboren werden** 198

DER HERBST 203

Michaeli **Beistand in der Not** 206

Schutzengel **Ein Begleiter, der bleibt** 213

Erntedank **Dankbarkeit als Weg zum Glück** 218

Allerheiligen **Die Wurzel entdecken** 227

Allerseelen **Die Gemeinschaft mit den Verstorbenen** 232

Sankt Martin **Den Mantel teilen** 238

Christkönig **Den König, die Königin in uns zulassen** 246

Unser Hausbuch: eigene Notizen und wichtige Daten 251

WINTER

 FRÜHLING

 SOMMER

HERBST

Einleitung

Im Rhythmus der Jahreszeiten zu leben, Raum zu haben für das Wachstum und für das Ruhen – danach sehnen sich viele. In diesem Hausbuch finden Erwachsene und Kinder viele Anregungen und Ideen, die Jahreszeiten und die entsprechenden Stimmungen der Natur sowie die Feste des Kirchenjahres bewusst wahrzunehmen und zu feiern. Denn der Jahreskreis mit seinen verschiedenen Festen und Energien schenkt uns eine wunderbare Struktur, nach der zu leben sich aus zahlreichen Gründen lohnt. Denn der Jahreskreis mit seinen verschiedenen Festen und Energien schenkt uns eine wunderbare Struktur, nach der zu leben sich aus zahlreichen Gründen lohnt.

Ein Hausbuch für alle

Für die Erwachsenen beschreibt dieses Buch die Feste des Jahreskreises als Bilder der Seele, die unsere wesentlichen Sehnsüchte zum Ausdruck bringen und die all das ansprechen, was wir oft unbewusst in uns tragen, aber durch eine rein rationale Theologie oder Philosophie nicht aktivieren können. Die Bilder des Kirchenjahres wollen sich in uns einformen, damit sie innere Bilder werden, die uns mit dem ursprünglichen und einmaligen Bild in Berührung bringen, das Gott sich von jedem von uns gemacht hat. Diese Bilder zeigen uns das Potenzial unserer Seele und wecken in uns alles auf, was da an Möglichkeiten schlummert, was wir aber oft genug übersehen.

Kinder brauchen außerdem noch ihre Hände, um ihm wahrsten Sinn des Wortes zu begreifen. Mehr als die Erwachsenen entdecken und erforschen sie die Welt mit allen Sinnen – und mit den Kindern können die Erwachsenen das wieder lernen. Deshalb sind in diesem Hausbuch viele Ideen gesammelt, wie Familien gemeinsam Frühling, Sommer, Herbst und Winter erleben und die Feste des Kirchenjahres miteinander feiern können. Anlässe wie Sankt Martin, Weihnachten oder Ostern haben im Familienjahr einen festen Platz, und jede Familie hat ihre ganz eigenen Gewohnheiten und Traditionen, um diese zu feiern. Andere Feste wie Christi Himmelfahrt, Pfingsten oder Allerheiligen sind meist nicht so verankert. Eine kindgerechte Form, diese Feste zu begehen, drängt sich zunächst nicht unbedingt auf. Doch schaut man genauer hin, bieten viele Feste des Kirchenjahres Anknüpfungspunkte, um ihren inhaltlichen Kern zusammen mit Kindern ins Heute zu übertragen. Gerne ermutigen wir Sie mit diesem Buch, sich auch als Familie auf den Weg durch das Kirchenjahr zu machen und sich überraschen zu lassen von dem, was sie gemeinsam entdecken werden.

Sie finden auf den folgenden Seiten Anregungen zum Basteln, Ideen für gemeinsame Aktivitäten sowie Rezepte, die so einfach wie lecker sind. Und weil Feste erst durch Musik so richtig festlich werden, sind auch Lieder zu finden. Damit Sie sich gut zurechtfinden, sind die Vorschläge durch Symbole gekennzeichnet:

Hier darf gewerkelt, gebastelt,
geklebt und geschnitten werden

Auf in die Küche!
Gemeinsam Gekochtes schmeckt doppelt so gut

Ideen für gemeinsame Familienaktivitäten

All diesen Ideen ist gemeinsam, dass sie nicht „fertig" sind. Nehmen Sie das davon mit, was in Ihre Lebenssituation passt, verändern Sie, ergänzen Sie, erfinden Sie neu. Am Ende des Buches finden Sie ein paar leere Seiten, mit denen Sie dieses Hausbuch wirklich zu Ihrem Hausbuch machen können: Schreiben Sie auf, was Ihnen als Familie lieb geworden ist beim Gang durch das Kirchenjahr. Notieren Sie wichtige Daten oder Ihre eigenen Rituale.

Die Jahreszeiten als Bilder menschlicher Selbsterfahrung

Im Jahr 1931 hat Hermann Hesse einen Privatdruck mit Aquarellen und Gedichten unter dem Titel »Jahreszeiten« herausgegeben. Er hat sehr bewusst mit den Jahreszeiten gelebt, hat die Qualität einer jeden von ihnen wahrgenommen und seine Stimmungen beschrieben, die sie jeweils in ihm auslösten. Seit jeher haben viele Philosophen die Deutung vertreten, dass die Jahreszeiten für die verschiedenen Lebensalter stehen: Der Frühling steht für die Kindheit und Jugend, der Sommer für das Erwachsensein und Inblütesein, der Herbst für das Älterwerden und der Winter für das Greisenalter und den Tod. Doch da der Jahreskreis sich regelmäßig wiederholt, ist es sinnvoll, ihn mehr im Geist von Hermann Hesse als vier verschiedene Qualitäten menschlicher Selbsterfahrung zu verstehen. Wenn wir jedes Jahr die vier Jahreszeiten erleben und innerhalb dieser Jahreszeiten jeweils unterschiedliche Phasen, dann spiegelt sich das auch in unserer Selbstwahrnehmung wider. Wir fühlen uns im Winter, im Frühling, im Sommer und im Herbst jeweils anders.

Seit jeher war die Natur auch die Lehrmeisterin des Menschen; die Beziehung zur Natur war die Quelle seiner Religiosität. Der Mensch hat in der Natur immer etwas Göttliches erfahren, etwas, das größer ist als er selbst. Aber er hat in der Natur zugleich ein Bild für sich selbst gesehen. Das gilt einmal für die verschiedenen Tiere und Pflanzen. Der Baum ist etwa ein Bild für den Menschen: Er ist tief verwurzelt in seiner Vergangenheit, er strebt nach oben, entfaltet sich in einem kräftigen Stamm mit vielen Ästen und trägt eine Krone. Er ist ein königlicher und aufrechter Mensch. Seine Krone öffnet ihn für den Himmel. Der Mensch ist Mensch der Erde und zugleich Mensch des Himmels. In diesem Sinn war der Jahreskreis immer ein wichtiger Ort der Selbsterfahrung. In seinem Verlauf entdeckt der Mensch die verschiedenen Emotionen und Stimmungen seiner Seele, ja, er erkennt, welche Möglichkeiten in ihm stecken. Indem sich der Mensch auf die Jahreszeiten einlässt, entfaltet er den Reichtum seiner Seele. Dafür bietet ihm der Jahreskreis einen wunderbaren Rhythmus an. Es ist heilsam, sich auf den Rhythmus des Jahreskreises einzulassen und in dessen Verlauf das Potenzial der Seele zu entdecken und zu entfalten.

In allen Religionen hat man Feste gefeiert, die auf den Jahreskreis Bezug nehmen. Für den jüdischen Glauben lassen sich Frühlings- und Herbstfeste, Aussaat- und Erntefeste ausmachen. Aber zugleich hat man diese Feste religiös verknüpft. Das Frühlingsfest – Pascha – wurde zum Erinnerungsfest des Auszugs aus Ägypten, das Laubhüttenfest wurde zur Erinnerung an das Leben in der Wüste, wo man in entsprechenden Behausungen gewohnt hat. Solche »Naturfeste« des Judentums wie auch solche der Völker und Kulturen, in die es vorgedrungen ist, hat das Christentum übernommen und in seinem Sinne gedeutet, indem es sie mit den Geschehnissen aus dem Leben Jesu verbunden hat.

Archetypische Bilder im Leben Jesu

Die Feste, die sich auf den Jahreskreis und auf das Schicksal Jesu beziehen, stellen Bilder der Seele dar. Diese Bilder nennt C. G. Jung archetypische Bilder. Sie berühren in jeder Seele innere Strukturen und haben die Kraft in sich, den Menschen in seine innere Mitte zu führen. Archetypische Bilder sind immer auch heilende Bilder. Nach C. G. Jung verwandeln sie die »libido«, die Lebensenergie des Menschen, und führen sie auf eine höhere Ebene, sodass auch das geistige Leben davon genährt wird.

Das Leben Jesu ist nicht nur historisch zu verstehen, sondern auch als Darstellung der wichtigsten archetypischen Bilder, die den Menschen zu seinem wahren Selbst führen können. C. G. Jung fasst das so zusammen: Jesus hat natürlich sein eigenes persönliches Leben gelebt, aber zugleich hat sein Leben archetypischen Charakter. Es stellt all das dar, was auch in jedem menschlichen Leben auf ähnliche Weise geschehen kann. Indem wir das Leben Jesu feiern, üben wir uns in das Gelingen unseres eigenen Lebens ein. Wir entdecken in den Festen, die sich auf sein Schicksal beziehen, immer auch eigene Möglichkeiten und Gefährdungen. Indem wir diese Feste feiern, wächst in uns die Hoffnung, dass wir die Gefährdungen überwinden und mehr und mehr das Potenzial entfalten, das in unserer Seele bereitliegt. In den Festen üben wir uns ein in unsere eigene Selbstwerdung.

Die heilende Kraft des Kirchenjahres

Die Bilder, die an den Festen des Kirchenjahres dargestellt werden, haben nach Ansicht von C. G. Jung eine heilende Kraft. Sie bewirken, dass unser persönliches Leid nicht mehr allein unser Leid bleibt, sondern gewissermaßen zum Leid der Welt wird. Der Schmerz, der einen isoliert, wird zu einem Schmerz ohne Bitterkeit, der uns mit allen Menschen verbindet. An anderer Stelle meint Jung, dass die ewigen Bilder, die uns an den Festen vor Augen geführt werden, unserem Leben Würde verleihen. Sie ermöglichen es uns, bei uns selbst zu bleiben, und uns vor der Flucht vor der eigenen Wahrheit bewahren.

C. G. Jung hat es am eigenen Leib erfahren, dass derartige Bilder für ihn heilsam waren. Als er gerade fertig war mit seiner psychologischen Ausbildung, geriet er in eine tiefe Krise. Da half es ihm, seine Emotionen in Bildern auszudrücken und sie dadurch zu verwandeln. Er schreibt: »In dem Maße, wie es mir gelang, die Emotionen in Bilder zu übersetzen, d. h. diejenigen Bilder zu finden, die sich in ihnen verbargen, trat innere Beruhigung ein. Wenn ich es bei der Emotion belassen hätte, wäre ich womöglich von den Inhalten des Unbewussten zerrissen worden. Vielleicht hätte ich sie abspalten können, wäre dann aber unweigerlich in eine Neurose geraten, und schließlich hätten mich die Inhalte doch zerstört« (Erinnerungen 181). Daher ist es wichtig, dass wir bei den Emotionen, die uns oft aus heiterem Himmel überfallen, die dahintersteckenden Bilder entdecken. Die Bilder, die uns das Kirchenjahr anbietet, entsprechen den Emotionen, die im Lauf des Jahres in uns auftauchen, und verwandeln sie in eine gute Energie, die uns zum Leben antreibt, anstatt uns innerlich zu zerreißen.

Das Kirchenjahr stellt die wichtigsten Stationen im Leben und Schicksal Jesu dar und damit auch die wichtigsten Stationen auf dem Weg menschlicher Selbstwerdung. Für C. G. Jung ist das Kirchenjahr ein therapeutisches System, das die wichtigsten Symbole und Rituale enthält, die den Bildern im Unbewussten des Menschen entsprechen. Indem diese Symbole dargestellt und diese Rituale gefeiert werden, kommt der Mensch mit dem Potenzial in Berührung, das in seiner Seele verborgen liegt. Viele jedoch können diese heilende Wirkung der Rituale und Symbole nicht mehr wahrnehmen. Daher ist es mir ein Anliegen, im Sinne C. G. Jungs die Feste des Jahreskreises so darzustellen, dass die Menschen sich selbst auf ihrem Weg der Menschwerdung erkennen. Ihre Bedeutung als Feste der menschlichen Selbstwerdung kommt in der Geschichte Jesu am deutlichsten zum Ausdruck, aber ihre Bedeutung als Naturfeste soll hier ebenfalls berücksichtigt werden. Rituale, so sagt Jung, lenken die seelische Energie des Menschen in die richtige Richtung, sie machen die unbewussten Energien bewusst. Das ist heilsam, denn sie integrieren die Energie, die im Unbewussten schlummert, in das Bewusstsein. Wo das nicht geschieht – so Jung –, äußert sich das bei vielen in scheinbar grundlosen Ängsten und Zwängen, in überspannten Ideen und in falschen Bildern von sich selbst. Die Bilder des Kirchenjahres machen die im Unbewussten befindlichen Bilder der menschlichen Seele bewusst. Jung aber weiß: »Die Integration des Unbewussten ins Bewusstsein hat Heilwirkung« (GW 5, 547).

Wenn wir die Sprache C. G. Jungs in unsere Sprache übertragen, so können wir sagen: Die Feste des Kirchenjahres sprechen Bilder der Seele an, die in jedem Menschen vorhanden sind. Wenn diese Bilder angesprochen werden, kann die im Unbewussten schlummernde Energie verwandelt und ins Bewusstsein integriert werden.

Die Feste des Kirchenjahres haben nach Jung aber noch eine andere Wirkung. Sie bringen uns in Berührung mit unserer Vergangenheit, sie integrieren das, was damals in Jesus Christus geschehen ist, in unser Leben. Jung weiß, dass der Mensch Wurzeln braucht. Wenn wir von unserer Vergangenheit abgeschnitten werden, werden wir wurzellos. Das Kirchenjahr lässt die Vergangenheit für uns zu einer Wirklichkeit werden, aus der wir Kraft schöpfen können. So sind die Feste des Jahreskreises eine Chance, mit unseren Wurzeln in Berührung zu kommen, die uns kräftigen und nähren.

    Wir wünschen Ihnen viele gute, kräftigende und heilsame Erfahrungen auf dem Weg durch die Jahreszeiten und das Kirchenjahr – in der Stille und Sammlung eines Rituals genauso wie im lebendigen Tun und im fröhlichen Feiern. Denn erst all das zusammen macht unsere Tage reich und lebendig.

Anselm Grün & Andrea Langenbacher

DER WINTER

Wer den Jahreskreis lebensgeschichtlich versteht, der beginnt ihn mit dem Frühling. Bei uns fängt jedoch das Kalenderjahr mit dem Januar an. Januar und Februar sind die typischen Wintermonate, der Winter aber beginnt bereits am 21. Dezember. Daher möchte ich den Advent, mit dem das Kirchenjahr einsetzt, zu dieser Jahreszeit hinzunehmen, denn er bringt etwas Wesentliches zum Ausdruck, was für den Winter gilt.

Eine Heilpraktikerin erzählte mir: Wenn es keinen richtigen Winter gibt, dann werden mehr Menschen im Sommer krank. Sie konnte das in ihrer Praxis wahrnehmen. Was ist wohl der Grund dafür? Der Winter ist die Zeit des Rückzugs. Der Schnee bedeckt die Landschaft. Schnee macht die Welt still. Durch eine Schneelandschaft zu gehen, vermittelt uns eine intensive Stille. Die Schneedecke hüllt die Natur ein, damit sich in der Natur neues Leben vorbereiten kann. Was für die Natur gilt, gilt auch für die Seele des Menschen. Im Winter hat der Mensch mehr Zeit, nachzudenken. Die wichtigsten Erfindungen der Menschheit wurden im Winter gemacht. Wenn alles nach außen hin still ist, kommen dem Menschen die besten Ideen. Früher war das ganz konkret an die Arbeit des Bauern gebunden. Von Frühjahr bis Herbst war er mit Aussaat und Ernte beschäftigt, im Winter hatte er Zeit, die Maschinen zu reparieren. Dabei kam er oft auf neue Gedanken, wie er effektiver wirtschaften könnte.

Unsere Reaktion auf den Winter ist verschieden. Da ist die Freude über den ersten Schnee. Er lädt uns nicht nur ein, Ski zu fahren, sondern auch zu wandern. Durch eine Schneelandschaft zu wandern, hat seinen eigenen Reiz. Alles ist zugedeckt. Manchmal zaubert uns der Schnee oder der Frost an den Ästen der Bäume wunderbare Bilder vor Augen. Aber es gibt nicht nur den schneereichen Winter. Manchmal ist es nur kalt und neblig. Dann drückt die winterliche Stimmung auf unser Gemüt. Irgendwann wird es uns aber auch zu viel mit dem Schnee. Er hindert uns nicht nur am Autofahren. Wenn einige Wochen lang Schnee die Landschaft bedeckt hat, sehnen wir uns doch wieder nach der Schneeschmelze und nach den ersten Boten des Frühlings.

Der Winter kann uns auch mit trübseligen Gefühlen in Berührung bringen. Das hat Franz Schubert in seiner Vertonung der »Winterreise« zum Ausdruck gebracht, und Friedrich Nietzsche knüpft eine Verbindung zwischen dem Winter und der Vereinsamung. Ich zitiere nur die letzte Strophe aus seinem Gedicht »Vereinsamt«:

»Die Krähen schrein

Und ziehen schwirren Flugs zur Stadt:

Bald wird es schnein, –

Weh dem, der keine Heimat hat!«

Es gilt im Winter, die eigene Einsamkeit auszuhalten und sich den Gefühlen zu stellen, die in der Seele auftauchen. Wie Nietzsche sagt, braucht es dabei die Erfahrung von Heimat. So lädt uns der Winter ein, daheim zu bleiben, es sich in der warmen Wohnung gemütlich zu machen, sich Zeit zum Lesen zu nehmen, zum Gespräch in der Familie, aber auch zum Nachdenken und Meditieren. Die Kirche hat diese verschiedenen Qualitäten des Winters in ihren Festen und Festzeiten aufgegriffen. Sie gibt eine Antwort auf die Erfahrungen von Einsamkeit und Traurigkeit, von Dunkelheit und Angst, indem sie Feste des Lichtes, des Vertrauens, der Sehnsucht, der Geborgenheit und der Gemeinschaft feiert. So möchte ich mit der Adventszeit beginnen, die auf die Stille des Winters anspricht.

Advent –
Sucht in Sehnsucht verwandeln

Die Adventszeit ist die Zeit der Stille. Auch wenn sie heute oft zu einer hektischen Einkaufszeit verfälscht wird, haben die Menschen doch die Sehnsucht, in dieser Zeit still zu werden und in der Stille sich zu erinnern, was diese Tage in ihrer Kindheit für sie bedeutet haben. Da hatte die Adventszeit immer den Zauber des Geheimnisses. Alle warteten auf Weihnachten, auf das Kommen des Christkinds. Heute sehen wir dieses Warten anders. Wir warten auf das Kommen Jesu. Das Kommen Jesu aber lädt uns ein, erst einmal zu uns selbst zu kommen, bei uns selbst anzukommen. Wenn wir bei uns ankommen, dann kommen wir auch in Berührung mit unserer Sehnsucht. Es ist die Sehnsucht nach mehr, die Sehnsucht nach dem Geheimnis, das größer ist als wir selbst, die Sehnsucht nach Heimat und Geborgenheit, die Sehnsucht nach einer Liebe, die uns erfüllt.

Die Sehnsucht ist ein Existential des Menschen. Jeder Mensch sehnt sich letztlich nach Liebe, nach Geborgenheit, nach gelingendem Leben, nach Glück. Doch zugleich weiß der Mensch, dass seine Sehnsucht über alles hinausgeht, was ihm diese Welt zu bieten hat. Jede Erfüllung der Sehnsucht weckt noch eine tiefere Sehnsucht. Die Sehnsucht hält uns lebendig, doch viele Menschen wollen sie nicht spüren. Sie wollen hier und jetzt schon die Erfüllung, wollen die Spannung nicht aushalten, in die uns das Leben gestellt hat: die Spannung eben zwischen Sehnsucht und Erfüllung. Letztlich existiert in der Sehnsucht in uns eine Ahnung von Gott, der allein unsere tiefste Sehnsucht zu erfüllen vermag. Die Sehnsucht ist die Spur, die Gott in unser Herz eingegraben hat.

Wer diese Sehnsucht nicht aushält, der verfällt der Sucht: Sucht ist immer verdrängte Sehnsucht. Psychologen sagen, dass Sucht oft Mutterersatz ist. Der Mensch sehnt sich nach der Mutter, sehnt sich zurück nach dem Zustand des Kindes im Mutterleib. Da war er ohne Verantwortung, da wurde für ihn gesorgt. Doch wenn er diesen Zustand eines frühen Stadiums festhalten will,

Seht, die erste Kerze brennt

Text und Musik: Matthias E. Gahr | Rechte beim Autor

2. Seht die zweite Kerze brennt, so feiern wir Advent!
   Das Licht brennt nicht mehr allein, und heller wird der Schein.
   Bring ins Dunkel ein Licht …

3. Seht die dritte Kerze brennt, so feiern wir Advent!
   Große Freude macht sich breit, bald kommt die Weihnachtszeit.
   Bring ins Dunkel ein Licht …

4. Seht die vierte Kerze brennt, so feiern wir Advent!
   Weihnachtsleuchten überall, der Stern führt uns zum Stall.
   Bring ins Dunkel ein Licht …

verweigert er das Erwachsenwerden. Die Sehnsucht leitet diesen Wunsch nach mütterlicher Geborgenheit auf transzendente und jenseitige Ziele um: auf die Geborgenheit in Gott, in der Kirche, in einer betenden Gemeinschaft, und auf die Geborgenheit, die uns im Paradies erwartet. Dort wird unsere Sehnsucht vollständig erfüllt.

Die Adventszeit hat die therapeutische Aufgabe, die Sucht wieder in Sehnsucht zu verwandeln. Vor Jahren wurde ich zu einer Suchttagung in Luzern eingeladen. Ich sollte einen Vortrag halten über das Thema: »Die Sucht in Sehnsucht verwandeln«. Der Chefarzt, der diese Suchttagung leitete, war überzeugt, dass Sucht nicht allein durch Disziplin geheilt werden kann, sondern nur dann, wenn man die Sehnsucht wiederentdeckt, die hinter jeder Sucht steckt. Hinter der Alkoholsucht oder Drogensucht steckt ja letztlich die Sehnsucht nach Geborgenheit und die Sehnsucht nach Ekstase. Man will das Dasein nur von seiner schönen Seite her erleben, will immer ein Hochgefühl haben, sich immer geliebt wissen. Die Mystik kann uns auch das Gefühl von Ekstase schenken, aber immer nur für einen Augenblick. Es gehört zum Wesen des Menschen, dass er zwischen Erfüllung und Nichterfüllung lebt, zwischen beglückenden und enttäuschenden Erfahrungen. Die Sehnsucht lässt ihn diese Spannung aushalten und hält ihn lebendig. Hinter der Arbeitssucht steckt die Sehnsucht, immer arbeiten, immer kreativ sein zu können. Doch wer sich hinter der Arbeitssucht versteckt, der verliert seine Kreativität. Er braucht die Arbeit, um sich selbst und seine Leere nicht zu spüren. Hinter der Spielsucht steckt die Sehnsucht nach dem großen Erfolg, letztlich nach Glück und gelingendem Leben. Aber die Spielsucht treibt den Menschen immer wieder an, diesen Erfolg sofort hier schon zu erfahren, und je mehr er sich ihr ergibt, desto unglücklicher wird er. Die Sucht ist ein falsches Versprechen auf gelingendes Leben.

Die Adventszeit hält in uns die Sehnsucht wach. Wer sich still vor eine Kerze setzt, wer den Tannenduft des Adventskranzes riecht, wer die adventlichen Lieder hört, der spürt in sich eine tiefe Sehnsucht. Er kennt diese Sehnsucht von seiner Kindheit her, aber es handelt sich nicht um eine Regression in den infantilen Zustand. Vielmehr kommen wir in Kontakt mit der Sehnsucht, die wir als Kind hatten, mit der Sehnsucht nach einem Geheimnis, das größer ist als wir selbst und uns im Herzen tief berührt, nach einer Liebe, die noch größer ist als die Liebe, die wir von den Eltern erfahren durften. Es ist die Ahnung, dass die elterliche Zuwendung von einer Quelle der Liebe gespeist wird, die nicht versiegt und letztlich von Gott kommt; es ist die Sehnsucht nach Heimat, von der Ernst Bloch am Ende seines Buches »Das Prinzip Hoffnung« schreibt. Heimat ist für ihn »etwas, das allen in die Kindheit scheint und worin noch niemand war«. Auch in der kindlichen Sehnsucht nach Heimat steckt mehr als das bloße Gefühl, von den Eltern geliebt zu werden. Es leuchtet etwas in die Kindheit hinein, das alles übersteigt, was wir konkret an Liebe und Geborgenheit erfahren haben. Mit dieser Sehnsucht nach Heimat bringt uns die Adventszeit in Berührung.

Die Sehnsucht ist keine Flucht vor der harten Wirklichkeit. Vielmehr können wir die Durchschnittlichkeit unseres Daseins, unserer Arbeit, unserer Beziehungen erst aushalten, wenn wir wissen: Unser Leben muss und kann gar nicht

unsere Sehnsucht erfüllen. Weil die Sehnsucht das alltäglich Erlebte übersteigt, können wir Ja sagen zu dem, was wir im Alltag erfahren. Ich treffe immer wieder auf Menschen, die mir ihr Leben anfangs in ganz rosigen Farben schildern. Sie beschreiben mir, was ihnen alles gelungen ist, und dann erzählen sie von tiefen spirituellen Erfahrungen, die alle ihre Sehnsucht erfüllt haben. Aber wenn ich diese Erfahrungen genügend gewürdigt habe, entdecke ich hinter der Fassade eines perfekten Lebens die Brüchigkeit und das Chaos, das dahintersteht. Ihre Ehe gelingt nicht. Mit den Kindern stimmt es nicht. Auf der Arbeit erfahren sie nur Ablehnung und Zurückstufung. Diese Menschen stehen zwischen den hohen Erwartungen, die sie an sich selbst richten, und der Realität ihres Alltags. Sie erwarten von der spirituellen Erfahrung die Erfüllung ihrer Sehnsucht, doch dann sind sie zerrissen zwischen ihrer spirituellen Sehnsucht und ihrem chaotischen Leben. Die Sehnsucht, mit der uns die Adventszeit in Berührung bringen möchte, ist etwas anderes: Sie lädt uns dazu ein, unser Leben so, wie es ist, in seiner Durchschnittlichkeit und Alltäglichkeit, anzunehmen und sich damit auszusöhnen. Wir wissen, dass dieses Leben unsere Sehnsucht nicht erfüllen muss. Auch die spirituelle Erfahrung, die wir machen, erfüllt unsere Sehnsucht nicht. In ihr blitzt nur für einen Moment auf, was unser Leben verwandeln könnte. Aber wir müssen in dieser Spannung leben zwischen Sehnsucht und Erfüllung, nur dann können wir ruhig Ja sagen zu unserem Dasein.

Ritual

Setze dich vor eine Kerze und lasse das milde Licht der Kerze in dein Herz fallen. Halte deine Hände dabei auf deine Brustmitte und erspüre, welche Sehnsucht da in dir auftaucht. Lasse diese Sehnsüchte zu und folge ihnen, dann werden sie dich in die Tiefe deiner Seele führen, in den inneren Raum der Stille. Dort in der Stille, die erfüllt ist von dem milden Licht der Liebe, kommst du innerlich zur Ruhe. Da spürst du: Ich bin angekommen bei mir. Ich bin daheim bei mir. Das befreit mich von meinen Süchten, das oder jenes noch haben oder tun zu müssen.

Ein Adventskalender für alle

Für die Kinder ist der Adventskalender wahrscheinlich das Allerwichtigste am Advent. Er strukturiert die Zeit bis Weihnachten, und das Warten auf das große Fest fällt etwas leichter, wenn jeder Tag durch eine kleine Überraschung geprägt ist.

Aber welcher Adventskalender ist denn nur richtig und sinnvoll? Es sollen nicht zu viele Süßigkeiten sein, kein wertloser Plunder, der bald im Müll landet, zu viele »große« Geschenke aber auch nicht … Und sich für jedes Kind 24 sinnvolle Kleinigkeiten auszudenken, ist ja durchaus eine Herausforderung.

Wir haben dieses Dilemma für uns so gelöst: Es gibt einen Adventskalender für alle, und alle Familienmitglieder öffnen abwechselnd ein Päckchen – auch die Eltern! Wer die Päckchen für wen vorbereitet, wird vorher vereinbart. Wenn die Kinder etwas größer sind, macht es ihnen meistens Spaß, sich etwas für die Eltern oder Geschwister auszudenken. Sind die Kinder dafür noch zu klein, überraschen sich die Eltern eben gegenseitig. Für uns haben sich damit im Blick auf die Kinder die Überlegungen, womit der Adventskalender gefüllt werden soll, total entspannt. Da nicht 24 Säckchen zu befüllen sind, sondern eben nur acht, sechs oder fünf (je nach Größe der Familie), können die Geschenke etwas hochwertiger sein, ohne dass schon im Advent die Gabenflut anfängt. Und selbst ein paar Süßigkeiten sind dann kein Problem. Auch für uns Eltern war es schön, im besten Sinn dazu gezwungen zu werden, sich gegenseitig wieder einmal mit ein paar wohlüberlegten Kleinigkeiten oder Botschaften zu überraschen.

Wenn es schon einen Adventskalender in der Familie gibt, der jedes Jahr neu befüllt wird, kann dieser genauso gut auch für diese Variante verwendet werden. Wir benutzen kleine Säckchen, die wir an ein schönes Band oder an eine Girlande aus Tannenzweigen hängen.

Egal, wer an der Reihe war, versammelten sich doch immer alle beim Adventskalender und beobachteten gespannt, was ausgepackt wurde. Die Zettel, die Mama und Papa meistens in den Päckchen hatten, fand unser Sohn natürlich nicht besonders interessant. War noch ein Schokoriegel dabei, sah das schon anders aus. Wenn Papa dann ein Stück seiner Schokolade abgab, war die Freude groß. Und so ging es dann weiter: Auch der Dreijährige teilte seine Süßigkeiten stolz und gewissenhaft mit uns Eltern – ohne dass wir das von ihm verlangt hätten, sondern einfach, weil wir es auch taten.

Wir haben als Familie viel erlebt mit unserem Adventskalender für alle: schenken, beschenkt werden, teilen, sich mitfreuen, warten … wichtige Erfahrungen, die zum Advent mindestens genauso sehr dazugehören wie ein Adventskalender.

Auf Weihnachten warten
genügt nicht.
Weihnachten kommt nicht.
Weihnachten wird
durch dich,
durch mich,
durch uns.
Vielleicht durch unser Reden,
eher durch unser Tun,
am meisten durch unser Sein.

MAX FEIGENWINTER

Barbara –
Liebeszweige im kalten Winter

In der Adventszeit feiern wir am 4. Dezember das Fest der heiligen Barbara. An diesem Fest werden Kirschzweige in eine Vase mit Wasser gestellt, in der Hoffnung, dass diese Zweige an Weihnachten aufblühen. Es sind Liebeszweige, die mitten im kalten Winter die Liebe zur Blüte bringen, die die kalten Herzen erwärmen und verwandeln. Ursprünglich handelte es sich um einen nichtchristlichen Brauch, den die frühe Kirche dann mit der heiligen Barbara verband. Offensichtlich hat Barbara eine Liebe ausgestrahlt, die stärker ist als die Kälte des Winters und Licht in die Dunkelheit des Herzens zu bringen vermag. Mit diesem Brauch wollen wir mitten in der Kälte des Winters ausdrücken, dass die Liebe stärker ist als die Kälte und dass sie auch mitten in der Kälte dieser Welt in unserem Herzen aufblüht und uns verwandelt.

Ritual

Betrachte die Kirschzweige oder die Forsythienzweige, die du in die Vase gestellt hast. Du siehst zunächst nur die nackten Zweige, doch wenn du genau hinschaust, erkennst du schon Knospen. Sieh dich selbst in diesen Zweigen. Manchmal kommst du dir auch leblos und nackt vor, doch in dir sind schon die Knospen, die auf neues Leben hinweisen. Es sind Knospen, die zur Blüte werden. In dir will etwas aufblühen. Die Knospen weisen hin auf die Liebe, die stärker ist als alle Kälte, die du momentan erlebst. Trau dieser Liebe. Sie ist jetzt schon in dir und sie wird auch in dir aufblühen.

Die Legende der heiligen Barbara

In der Stadt Nikomedia (sie heißt heute Izmit und liegt in der Türkei) lebte ein reicher Kaufmann. Dieser hatte eine Tochter mit Namen Barbara, die er sehr liebte. Weil der Vater verreisen musste, führte er Barbara in einen Turm. Er sagte zu ihr: »Wenn du in diesem Turm bleibst, bis ich wiederkomme, kann dir nichts Böses geschehen.«

Eine Dienerin erzählte Barbara von Jesus. Diese Geschichten berührten ihr Herz und so ließ sie sich heimlich taufen. Als ihr Vater davon hörte, bekam er Angst um seine Tochter und wurde sehr zornig. »Habe ich nicht alles versucht, damit dir nichts geschieht! Der Kaiser in Rom verfolgt alle, die an diesen Jesus glauben und tötet sie sogar. Lass ab von diesem Glauben!«

Doch Barbara wollte weiter Christin bleiben. Sie hatte keine Angst. Da ließ der Vater Wachen kommen, die sie ins Gefängnis bringen sollten. Als sie die junge Frau zum Gefängnis schleiften, blieb ein scheinbar lebloser Zweig an ihrem Kleid hängen.

Barbara stellte ihn in ein Glas Wasser. Und was geschah? An einem trüben Morgen im Winter waren plötzlich Blüten zu sehen. Der Zweig war nicht tot, sondern trieb neues Leben aus. Dies war für Barbara ein Zeichen, dass Gott sie nicht alleinlässt.

Barbarazweige schneiden – auf das Wunder warten

Auch wer keinen eigenen Garten mit Kirschbaum oder Forsythienstrauch hat, kann sich Barbarazweige ins Haus holen. Auf den Wochenmärkten werden Anfang Dezember meistens Sträuße von Kirsch- oder Apfelzweigen angeboten. Oder vielleicht gibt es die Möglichkeit, einen Familienausflug auf einen Obstbauernhof in der Nähe zu machen? Nach Absprache können Zweige von Apfel-, Birnen oder Pflaumenbaum womöglich sogar selbst geschnitten werden.

Damit wir das Wunder der Blüte mitten im Winter erleben können, ist es hilfreich, ein paar Dinge zu beachten:

- Die Zweige müssen mindestens einen Frost erlebt haben, sonst blühen sie nicht. Wenn der Winter bisher sehr mild war, legen wir die Zweige über Nacht in die Tiefkühltruhe.
- Damit die Zweige mehr Feuchtigkeit aufnehmen können, werden ihre Enden anschließend schräg angeschnitten oder mit einem Hammer faserig geklopft (mit Anleitung können das etwas größere Kinder schon übernehmen). Dann lassen wir lauwarmes Wasser in die Badewanne laufen und legen die Zweige für eine Weile hinein. Erst nach dieser Vorbehandlung kommen sie in die Vase.
- Das Wasser in der Vase sollte zwei Mal pro Woche gewechselt werden. Zu trockene Heizungsluft mögen die Zweige zudem auch nicht.

So können wir dem Blütenwunder im Winter etwas nachhelfen bzw. die Bedingungen schaffen, dass es möglich wird. Und trotzdem kann es sein, dass wir an Weihnachten auf die gleichen knorzigen und scheinbar toten Zweige blicken wie schon drei Wochen zuvor! Oft haben wir die Zweige dann enttäuscht weggeräumt – bis wir sie einmal vergessen haben. Die Vase blieb unbeachtet stehen und – o Wunder – im neuen Jahr haben die Zweige doch noch geblüht! Eine weiß-duftige Erinnerung daran, dass das Leben einen eigenen Zeitplan hat und es sich meistens lohnt, ihm diese Zeit zu geben.

Nikolaus –
Der väterliche Mensch

Bei Kindern ist der Nikolaustag am 6. Dezember beliebt, denn dann kommt der heilige Nikolaus zu ihnen, um sie zu beschenken. Nikolaus ist der väterliche Mensch, der seine guten Gaben an die Kinder verteilt. Über diesen Heiligen gibt es viele Legenden, von denen ich nur eine herausgreifen möchte: Ein verarmter Edelmann hatte seine drei Töchter der Prostitution preisgegeben, um seine Familie ernähren zu können. Nikolaus erfuhr davon und warf dreimal hintereinander nachts einen Beutel Goldstücke durch das Fenster in die Schlafstatt der Töchter, damit sie ihre Aussteuer bestreiten konnten. So wird Nikolaus oft mit drei Goldstücken dargestellt. Hier erscheint er als der väterliche Mensch, der den Töchtern den Rücken stärkt und ihnen ein gutes Leben ermöglicht. Wir alle sehnen uns nach solch väterlichen Menschen, die uns den Rücken freihalten, damit wir ins Leben treten können. Väter schaffen um sich herum einen Raum, in dem Kinder aufblühen können, in dem sie es wagen, Neues auszuprobieren; mit dem Vater im Hintergrund haben sie keine Angst, Fehler zu machen.

Ritual

Nimm dir ein Bild des heiligen Nikolaus und betrachte es. Die meisten Nikolausbilder strahlen Güte und Milde aus. Entdecke dich selbst in diesem Bild. Auch du hast diese Milde in dir, und du hast – ganz gleich, ob du Mann oder Frau bist – väterliche Seiten an dir. Du hast die Fähigkeit, anderen das Rückgrat zu stärken, dass sie ihr Leben wagen, und du kannst andere beschenken mit den Gaben, die Gott dir geschenkt hat. Wenn du dich lange genug in das Nikolausbild vertieft hast, überlege dir, wem du heute den Rücken stärken oder wen du heute beschenken möchtest.

Nikolaus »spielen«

Kinder schenken gern, wenn sie es aus freien Stücken tun können. Sie helfen gern, wenn sie eine Not oder ein Bedürfnis wahrnehmen. Jemandem eine Freude zu machen oder helfen zu können, stärkt wiederum das Gefühl der Selbstwirksamkeit. Die Legende von Nikolaus, der einer notleidenden Familie heimlich Goldstücke schenkte, kann dazu inspirieren, gemeinsam zu überlegen, wer in der eigenen Umgebung gerade Hilfe oder eine kleine Aufmunterung brauchen könnte. Meistens haben die Kinder auch gleich Ideen, wie sie helfen könnten.

Eine kleine Bastelei, die das Geheimnisvolle der Nikolauslegende aufnimmt, sind die Zaubernüsse. Dazu werden schöne, möglichst große Walnüsse so geteilt, dass beide Hälften ganz bleiben (am besten geht das, indem man mit einem kleinen Hammer vorsichtig an der Naht entlang klopft). Wenn das Innere aus der Nuss entfernt ist, kann man Zettel mit aufmunternden Worten oder einen schönen Schmuckstein (z. B. einen violetten Amethyst oder einen grünen Smaragd) in eine Hälfte hineinlegen. Dann ein kurzes Stück eines Goldfadens eingelegen, dessen Ende nach draußen hängt. So erkennt jede*r sofort, dass es sich um eine ganz besondere Nuss handelt. Schließlich beide Hälften mit Sekundenkleber wieder zusammenkleben. Fertig ist die Zaubernuss!

Jetzt müssen sie nur noch heimlich, heimlich verteilt werden …

Holler Boller

Holler, boller Rumpelsack,
Niklaus trägt ihn huckepack.
Weihnachtsnüsse, gelb und braun,
runzlig punzlig anzuschaun.
Knackt die Schale, springt der Kern,
Weihnachtsnüsse ess ich gern.
Komm bald wieder in dies Haus,
guter, alter Nikolaus.

ALBERT SERGEL

Weihnachten –
Das göttliche Kind in uns

An Weihnachten feiern wir die Geburt Jesu vor zweitausend Jahren. Zugleich feiern wir das Geheimnis der Menschwerdung Gottes, auch damit wir selbst lernen, Mensch zu werden. Weihnachten bietet uns viele heilsame Bilder an, die sich in uns einformen möchten, damit unser Leben gelingt. Da ist einmal das Bild: Gott steigt vom Himmel herab, um im Stall von Bethlehem als Kind geboren zu werden. Das ist ein Symbol für unsere Menschwerdung. Wie Jesus brauchen wir den Mut hinabzusteigen, und zwar hinabzusteigen in die Tiefe unserer Seele. Die Krippe von Bethlehem ist ein Bild für unsere Menschlichkeit. C. G. Jung meinte einmal, wir sollten uns immer bewusst machen, dass wir nur der Stall sind, in dem Gott geboren wird, aber kein Palast. Das Hinabsteigen in die eigene innere Armut ist die Bedingung, dass wir mit Christus aufsteigen können zu Gott. Trotz aller spirituellen Höhenflüge sind wir oft innerlich arm, kreist unser Denken immer um die gleichen Probleme. Der Stall meint aber auch unsere tierische Natur. Trotz aller Geistigkeit bleiben wir immer noch Menschen, die vieles gemeinsam haben mit den Tieren. Theologisch ausgedrückt: Der Geist muss ins Fleisch kommen, das meint die Inkarnation. Wir können nicht rein geistig gesund werden, nein, der Geist muss ins Fleisch kommen, in das Fleisch mit seinen Instinkten, mit seinen Begierden und mit seiner Hinfälligkeit, in die Niedrigkeit und Zerbrechlichkeit des Fleisches.

Ein anderes Bild, das für uns heilsam ist, ist das des göttlichen Kindes, das die Psychologie heute neu entdeckt hat. Angelus Silesius hat dieses Bild vom göttlichen Kind in die berühmten Worte gefasst:

»Wäre Christus tausendmal in Bethlehem geboren,
Und nicht in dir: Du bliebest doch in alle Ewigkeit verloren.«

Das Volk, das im Dunkel lebt
Kanon für 3 Stimmen

Text (nach Jesaja 9) und Musik: Matthias E. Gahr | Rechte beim Autor

Christus soll in mir geboren werden. Doch was heißt das? Das göttliche Kind ist ein Bild für eine Wirklichkeit, über die wir in Worten schlecht sprechen können. Für C. G. Jung ist es ein Heilbringer, der uns ganz macht, der das in uns Auseinanderstrebende miteinander verbindet und der eine innere Erneuerung anzeigt. Das göttliche Kind in uns steht für das einmalige Bild, das Gott sich von uns gemacht hat. Wir können dieses Bild nicht weiter beschreiben, doch wenn wir in uns einen tiefen Frieden spüren, wenn wir das Gefühl haben, im Einklang mit uns zu sein, dann dürfen wir vertrauen, dass wir mit dem göttlichen Kind in uns in Berührung sind. Es handelt sich um einen Kontakt mit unserem wahren Selbst, mit dem ursprünglichen und unverfälschten Bild Gottes in uns. Wenn wir mit dem göttlichen Kind in Berührung sind, dann fühlen wir uns lebendig und erfrischt, ist es doch in uns wie eine Quelle von Kreativität und Lebensfreude.

Das göttliche Kind steht aber noch für etwas anderes: Das Kind muss sich nicht beweisen; es ist einfach da. Künstler haben das göttliche Kind in der Krippe oft so dargestellt: Es lächelt, es liegt da, schaut in die Welt. Es ist einfach ganz präsent. Das ist auch eine Ursehnsucht in uns: einfach nur da zu sein, ohne uns rechtfertigen oder beweisen, ohne etwas vorweisen zu müssen. Das Kind ist reines Sein. Gott selbst – so sagt Platon – ist das reine Sein, und wenn wir einfach nur sind, ohne dieses Sein begründen zu müssen, dann haben wir teil an Gott, dann machen wir eine tiefe Gotteserfahrung. Das göttliche Kind in uns lädt uns dazu ein, einfach nur da zu sein, ohne unser Sein zu rechtfertigen. Angelus Silesius hat eben das bezüglich der Rose ausgedrückt:

»Die Ros ist ohn Warum,
Sie blühet, weil sie blühet.
Sie acht nicht ihrer selbst,
Fragt nicht, ob man sie siehet.«

Die Rose muss sich nicht beweisen, sie muss auch den Blicken nicht ihre Schönheit beweisen. Sie ist einfach da, ganz gleich, ob sie jemand anschaut oder nicht.

Krankheiten rühren oft daher, dass wir uns Bilder von uns selbst machen; Menschen geht es schlecht, weil die Bilder, die sie von sich haben, nicht übereinstimmen mit ihrer Realität. Das göttliche Kind steht für das reine und unverfälschte Bild Gottes in uns, das wir nicht mehr nach außen vermitteln, darstellen, beschönigen müssen. Wir sind einfach die Rose ohne Warum, wir sind wie das göttliche Kind in der Krippe. Das bedeutet wahre Freiheit, und es bedeutet: im Einklang zu sein mit uns selbst, frei zu sein von dem Zwang, uns überall rechtfertigen und alles Tun und Sein begründen zu müssen.

Der amerikanische Psychologe John Bradshaw hat über die erneuernde und heilende Kraft des göttlichen Kindes geschrieben. Er meint: »Ihr göttliches Kind ist der Teil von Ihnen, der auf eine menschliche Art die Kraft besitzt, die dem Göttlichsten am nächsten kommt: Die Kraft zur schöpferischen Erneuerung« (Das Kind in uns 353) Weihnachten will uns mit dem göttlichen Kind in uns in Berührung bringen, was eine Ermutigung dazu darstellt, der schöpferischen Kraft unserer Seele zu trauen und uns immer wieder innerlich zu erneuern und uns auf den Weg zu unserem wahren Selbst zu begeben.

Ritual

Betrachte die Krippe, die du in deiner Wohnung aufgestellt hast, oder nimm ein weihnachtliches Bild mit Maria und dem göttlichen Kind. Lasse das Bild des Kindes in dein Herz dringen, sodass du mit dem Kind in dir in Berührung kommst. In dir ist etwas, das von der Welt noch nicht verfälscht worden ist, etwas Ursprüngliches, Einmaliges, Einzigartiges. Traue dem Kind in dir. Es ist auch ein göttliches Kind, ein Kind, das von Gott geformt worden ist, das dem ursprünglichen und unverfälschten Bild Gottes in dir entspricht. Versuche, dieses göttliche Kind in dir zu spüren, vielleicht erfährst du dann einen tiefen inneren Frieden und eine große Freiheit: Du musst dich nicht beweisen, du bist einfach ganz du selbst. Du erlaubst dir, einfach nur zu sein, so wie dieses göttliche Kind in der Krippe oder auf dem Weihnachtsbild einfach nur da ist, ohne sich beweisen zu müssen.

Der allerschönste Weihnachtsbaum

So eng der Weihnachtsbaum mit Weihnachten verknüpft ist, sein Ruf ist nicht mehr ganz unzweifelhaft. Wenn wir über Nachhaltigkeit und die Auswirkungen und Verhältnismäßigkeit unserer Gewohnheiten nachdenken, stellt sich unweigerlich die Frage, ob es gerechtfertigt ist, sich einen Baum ins Haus zu holen, der mithilfe üppiger Düngung, Herbiziden und Pestiziden in einer Monokultur gewachsen ist und dann durch halb Europa gefahren wird – um nach ein paar Tagen auf der Schnittholzdeponie zu landen.

Inzwischen gibt es viele Alternativen zur klassischen Nordmanntanne vom Baumarkt: Bäume aus regionalem, zertifiziert biologischem Anbau, Leihbäume im Topf, selbst gebastelte Weihnachtsbäume aus Holz oder ein gemalter Christbaum auf einem Plakat. Da kann jede Familie fündig werden. Wir haben für uns eine Form gefunden, Weihnachten mit Baum zu feiern, ohne dass dafür ein solcher gefällt werden muss. Wir suchen uns nämlich schon vor Weihnachten am Waldrand eine kleine Tanne aus, die wir dann am Heiligabend besuchen. Wir haben eine Taschen- oder Stirnlampe, warmen Punsch und ein paar Kerzen in Windlichtern dabei.

Dann lesen wir die zauberhafte Geschichte vom »allerkleinsten Tannenbaum«, der zu klein ist, um ein Weihnachtsbaum in der Stadt zu werden. Er ist furchtbar verzweifelt darüber, bis ein Vogel und ein Esel sich zu ihm gesellen und zu singen beginnen. Die Tiere des Waldes werden durch den schönen Gesang angelockt, alle versammeln sich und singen gemeinsam. Und auf einmal ist der kleine Baum gar nicht mehr verzweifelt, sondern strahlt, als wäre er von tausend Kerzen erleuchtet.

Nach zwei, drei Weihnachtsliedern machen wir uns wieder auf den Heimweg und freuen uns auf die warme Wohnung, ein gemeinsames Abendessen und einen gemütlichen Weihnachtsabend mit dem »schönsten Weihnachtsbaum auf der ganzen Welt« im Herzen.

♡ Masahiro Kasuya, **Der allerkleinste Tannenbaum**, Kiel, 25. Auflage 2012

Lebenskrippenspiel

Du bist niemals allein
verkünden die Engel

Du bist gut wie du bist
singen die Hirten

Du darfst an Wunder glauben
erzählt mir Josef

Du wirst eine Gesegnete sein
flüstert Maria

Dir ist das Leben geschenkt
wissen die Augen
des Kindes

CORNELIA ELKE SCHRAY

Silvester –
Einen Übergang vollziehen

Es ist ein menschliches Bedürfnis, das alte Jahr abzuschließen. Viele machen das, indem sie um Mitternacht Böller krachen lassen oder Raketen in die Luft schießen. Sie machen viel Lärm. Dabei handelt es sich um einen alten nichtchristlichen Brauch zur Vertreibung der Dämonen. Das deutsche Wort »Lärm« kommt ja von »Alarm«, das ursprünglich auf Italienisch »zu den Waffen = all'arme« meint. Manche sind überzeugt, sie müssten am Jahresende alles Feindliche vertreiben.

Sinnvoller kann das Brauchtum sein, das in vielen Kirchen üblich ist: Da gibt es einmal die Jahresschlussandacht, in der man die Ereignisse des vergangenen Jahres nochmals betrachtet und dann Gott für das vergangene Jahr dankt. Man hat das Bedürfnis, das vergangene Jahr zu einem guten Abschluss zu bringen. Eine andere Variante habe ich jahrelang mit Jugendlichen praktiziert. Wir sind am Silvesternachmittag schweigend zu einem naheliegenden Wallfahrtsort, nach Dimbach, gewandert. Wir sind ausgewandert aus dem alten Jahr, wir haben es losgelassen und dann haben wir über Mitternacht einen langen Gottesdienst gefeiert. Während die Leute in der Umgebung viel Krach gemacht haben, erlebten wir den Jahreswechsel bewusst schweigend. Wir haben die alte, verbrauchte Zeit sich auflösen lassen und dann die neue, unberührte Zeit wahrgenommen, die uns geschenkt wird. Viele christliche Gemeinden pflegen diesen Brauch, indem sie ihre Kirchen über Mitternacht öffnen für Menschen, die schweigend den Jahreswechsel erleben wollen. Manche begleiten die Stille mit einem meditativen Orgelspiel.

Ritual

Nimm am Silvesternachmittag oder -abend deinen Kalender des vergangenen Jahres zur Hand. Blättere darin und erinnere dich an alles, was du in diesem Jahr getan und erlebt hast. Danke Gott für das, was in diesem Jahr geschehen ist. Dann halte das vergangene Jahr mit offenen Händen Gott hin. Bewerte das Jahr nicht, mach dir keine Vorwürfe, was du versäumt oder nicht gut gemacht hast. Das Jahr ist so, wie es ist. Halte es Gott hin. Übergebe es Gott und vertraue darauf, dass er aus dem vergangenen Jahr Segen entstehen lassen kann für dich und für die Menschen, mit denen du lebst und arbeitest.

Gemeinsam wünschen

Mehr Ausflüge machen, öfter ins Kino gehen, endlich wieder joggen, den Garten umgestalten ... Pläne und Wünsche fürs neue Jahr gibt es meistens genug. Eine wirksame Möglichkeit, den flüchtigen Vorsätzen mehr Energie zu geben, ist ein sogenanntes »Vision Board«. Was verbirgt sich dahinter? Grob gesagt: Ziele und Wünsche werden nicht nur gedacht oder aufgeschrieben, sondern als Collage auf ein Plakat geklebt. Sie werden sichtbar und dadurch schon ein bisschen wirklicher. Ein schöner Nebeneffekt für Familien: Auch Kinder, die noch nicht lesen und schreiben können, können sich gleichwertig beteiligen.

Wenn man z. B. in einem Coaching mit dieser Methode arbeitet, gehen dem eigentlichen Kleben und Gestalten mehrere – reflektierende – Schritte voraus. Mit Kindern speckt man das Ganze einfach ab.

Material
- ein großer Bogen Tonpapier o. Ä. (höchstens so groß, dass das Plakat später an einem für alle sichtbaren Ort aufgehängt werden kann, z. B. an der Küchentür)
- Zeitschriften, Prospekte, Kataloge
- Scheren und Klebestifte
- Bunt- oder Filzstifte

Die einzelnen Schritte

- Was wollen wir als Familie im neuen Jahr gemeinsam unternehmen? Welche Veränderungen wünschen wir uns? Was ist uns wichtig? – Mit diesen Fragen vor Augen beginnen alle Familienmitglieder zu blättern und zu schnipseln. Nach einer gewissen Zeit stellt jede*r die eigene Ausbeute vor und beschreibt die damit verbundenen Ideen und Wünsche. Möglicherweise gibt es Überschneidungen, vielleicht auch große Unterschiede.

- Lassen sich daraus gemeinsame Ziele herausfiltern? Es wird wahrscheinlich diskutiert, argumentiert und gelacht. Dabei ist eine Regel sehr wichtig: Alle Ideen werden respektiert, auch dann, wenn sie nicht als Ziele und Wünsche für alle infrage kommen. (Vielleicht haben die Kinder am Ende Lust, auch noch ein Vision Board für sich ganz alleine zu gestalten?)

- Die Bilder für jene Ziele und Wünsche, auf die sich alle einigen können (Sommerurlaub am Meer, weniger Plastikmüll, ein Spieleabend im Monat, samstags zwei Stunden gemeinsame Hausarbeit und dann Pizzabacken etc.), werden schließlich collagenartig auf das Plakat geklebt und eventuell noch beschriftet. Zusätzlich können wichtige Ereignisse, die im kommenden Jahr stattfinden, visualisiert werden: Oma wird 80, Schulanfang, ein bevorstehender Umzug usw.

- Dann das Plakat an einem zentralen Platz aufhängen, damit die Ziele im wahrsten Sinn vor Augen bleiben. Die Tür zur Küche oder die Innenseite der Wohnungstür eignen sich dafür ganz gut.

Regenbogen – Segenszeichen

Ein Regenbogen bringt uns zum Staunen. Ehrfürchtig beobachten wir, wie er zu leuchten beginnt und manchmal ganz plötzlich wie von Zauberhand wieder verschwindet. In der Geschichte von Noah und der Arche zeigt der Regenbogen an, dass die Flut zu Ende und neues Leben wieder möglich ist. Nach einer chinesischen Sage ist der Regenbogen ein Riss im Himmel, den eine Göttin mit den schönsten Farben gestopft hat. In unserer Zeit ist er oft ein Friedenszeichen und Symbol für die Hoffnung, dass alles gut werden möge. Auch am Übergang zum neuen Jahr tut es gut, diese Hoffnung zu stärken und sich des Segens Gottes zu vergewissern.
Diese Regenbogenbastelei ist für Groß und Klein geeignet. Den Kleinen macht es Spaß, das Krepppapier zu knüllen, die Farben zuzuordnen und mit dem Kleber zu hantieren. Den Großen gibt dieses fast meditative Tun die Möglichkeit, am Silvestertag ein paar Momente der Stille zu genießen.

Material
- pro Regenbogen ein DIN-A4-Bogen weißes Papier
- Wachsmalstifte (oder noch besser: Wachsmalblöcke) in den Regenbogenfarben
- Krepppapier in den Regenbogenfarben
- Klebestift, Schere

Anleitung
- Mit den Wachsmalstiften einen Regenbogen auf das Papier malen (für die kleineren Kinder bereitet das ein*e Erwachsene*r vor) und eventuell ausschneiden.
- Aus allen Farben des Krepppapiers kleine Stücke rupfen und zu Kügelchen knüllen (am besten nach Farben getrennt in verschiedenen Schälchen sammeln).
- Dann Stück für Stück den Regenbogen mit Kleber einstreichen und die farblich passenden Krepppapier-Kügelchen aufkleben.

Wird das DIN-A4-Blatt in der Hälfte gefaltet und der Regenbogen nur auf eine Hälfte gemalt, kann das Ganze auch als »Klappkarte« benutzt und als Neujahrsgruß verschickt werden.

Gott gebe dir

für jeden Sturm einen Regenbogen,
für jede Träne ein Lachen,
für jede Sorge eine Aussicht
und eine Hilfe in jeder Schwierigkeit.
Für jedes Problem, das das Leben schickt,
einen Menschen, es zu teilen,
für jeden Seufzer ein schönes Lied
und eine Antwort auf jedes Gebet.

IRISCHER SEGENSWUNSCH

Neujahr –
Einen neuen Anfang wagen

Einen Aspekt von Weihnachten feiern wir an seinem Oktavtag in besonderer Weise: den Aspekt des neuen Anfangs. Papst Leo der Große hat es in einer Weihnachtsansprache so ausgedrückt: »Da wir in Ehrfurcht das Erscheinen unseres Erlösers begehen, zeigt es sich, dass wir unseren eigenen Anfang feiern. Heute kann ich von Neuem beginnen, da Gott in mir als Kind geboren wird« (II,1,131). An Weihnachten feiern wir, dass Gott mit uns neu beginnt. Das Alte, das uns prägt, verliert seine Macht über uns. Wir sind nicht festgelegt durch unsere Vergangenheit, durch die vergangenen Verletzungen und Wunden. Gott eröffnet uns einen neuen Anfang. Wir dürfen die Träume vom Glanz des Neuen wieder neu träumen. Es ist alles möglich. Wir brauchen das Alte nicht ständig als Last mit uns herumzuschleppen, wir dürfen neu beginnen.

Die Kirche feiert am 1. Januar das Fest der Gottesmutter Maria, die uns in Christus den neuen Anfang geschenkt hat. Die Welt wiederum feiert Neujahr, und das neue Jahr erinnert uns daran, dass wir alle neu anfangen wollen. Wir überlegen uns viele Vorsätze, wie wir einen neuen Anfang setzen können. Das Neue birgt in sich eine Verheißung: Es ist alles neu in mir. Doch die Erfahrung zeigt, dass sich auch das Neue schnell abnützt und wieder alt wird. Auch im neuen Jahr erleben wir häufig, dass wir doch die Alten bleiben.

Das Griechische kennt folgende beiden Wörter für »neu«: »neos« und »kainos«. »Neos« meint den Neuling, der noch keine Ahnung hat, das Neue, das noch nicht bewährt ist. »Kainos« dagegen ist die Verheißung des Neuen: Das Neue ist besser. Jesus selbst hat eine neue Botschaft verkündet, und er sagt, dass man den neuen Wein nicht in alte Schläuche gießen darf. Er hat den Neuen Bund geschlossen und uns ein neues Gebot gegeben: das Gebot der Liebe. Das neue Jahr hat etwas vom Glanz des »kainos«. Das Neue ist die Verheißung, dass auch wir innerlich erneuert werden, dass Neues aus uns hervorleuchtet.

Im Deutschen gebrauchen wir regelmäßig zwei Worte für den neuen Anfang: »anfangen« und »beginnen«. Jedes von ihnen spricht auf eine eigene Erfahrungswelt an. »Anfangen« kommt von »anfassen, anpacken, in die Hand nehmen«. Wenn Gott in der Geburt seines Sohnes einen neuen Anfang setzt, dann nimmt er uns Menschen gleichsam in die Hand und formt uns neu. Wenn wir »anfangen«, dann bedeutet das, dass wir unser Leben selbst in die Hand nehmen und es formen. Wir hören auf zu jammern, dass wir nichts machen können, weil wir durch unsere Erziehung schon festgelegt sind. Nein, wir haben es in der Hand, was wir aus unserem Leben machen. Wir können das, was wir mitbekommen haben, mit unserer Hand formen und gestalten. Aber wir müssen selbst anpacken, wir dürfen nicht alles nur von anderen erwarten.

Das Wort »beginnen« bedeutet ursprünglich »urbar machen«. Der Erfahrungshintergrund dabei ist ein Acker voller Disteln und Dornen. Es gibt eine alte Mönchsbelehrung: Da jammert ein junger Mönch einem Altvater vor, dass er auf dem dornigen Weg der Askese nicht weiterkomme. Die alten Fehler tauchen immer wieder auf. Er bekommt das Unkraut einfach nicht in den Griff. Da erzählt ihm der Altvater eine Geschichte: Ein Vater schickt seinen Sohn zum Acker, dass er ihn urbar macht. Aber der Acker ist so groß und so voller Unkraut, dass der junge Mann hingeht und sich hinlegt, um zu schlafen. Denn er traut es sich nicht zu, den Acker von den Disteln zu befreien. Als der Vater nach ein paar Tagen nachsieht und erkennt, dass noch nichts geschehen ist, gibt er den Rat: »Bearbeite jeden Tag nur so viel vom Acker, wie dein Körper bedecken kann.« Der Sohn befolgt den Ratschlag und schon nach kurzer Zeit ist der Acker urbar gemacht. Beginnen ist oft mit Angst verbunden. Wir haben den Eindruck, dass wir es nicht schaffen, also verschieben wir den Beginn. Oder wir verweigern uns einem Neuanfang: Es hat ja alles keinen Zweck. Doch je länger wir den Beginn hinausschieben, desto schwerer fällt es uns, anzufangen. Gott selbst hat in der Geburt seines Sohnes den Acker dieser Welt urbar gemacht. Er hat den Samen seiner göttlichen Liebe in den Acker unserer Seelen eingepflanzt und er möchte, dass sein göttlicher Same in uns Frucht bringt. Es liegt an uns, dass wir den Acker unserer Seele bearbeiten, damit das Neue, das

Gott hineingelegt hat, darin aufblühen kann. Gott selbst hat einen neuen Anfang gesetzt. An uns liegt es, diesem göttlichen Anfang den Acker unserer Seele anzubieten und selbst mit Hand anzulegen, damit der Acker Frucht trägt.

Das Bild des neuen Anfangs ist ein heilsames Bild. Menschen haben oft den Eindruck, dass sie festgelegt sind durch die Vergangenheit: durch die Erziehung, durch die Verletzungen, die sie erfahren haben, durch den Mangel an Liebe, durch die Ablehnung; sie fühlen sich aber auch festgelegt durch ihr eigenes Versagen, durch falsche Entscheidungen, durch verpasste Chancen. Eine solche Selbstwahrnehmung verführt dann immer wieder zum Jammern und zur Meinung, man könnte nicht richtig leben, weil so vieles in der Vergangenheit schiefgelaufen ist. Doch in dieser Weise schneidet man sich selbst vom Leben ab. Das Geheimnis des neuen Jahres, das letztlich das Geheimnis von Weihnachten entfaltet, sagt: »Du bist nicht festgelegt durch die Vergangenheit. Du kannst heute neu anfangen, denn in dir ist etwas Neues. In dir ist das göttliche Kind, das dich mit all dem Neuen in Berührung bringt, das noch unverfälscht und unverbraucht in deiner Seele bereitliegt. Trau dem Neuen in dir!«

Wunsch zum neuen Jahr

Ich habe einen Wunsch für dich
an jedem Tag,
auf dass er ganz glücklich werde.
Mögen deine Gedanken so fröhlich sein
wie die irischen Kleeblätter,
dein Herz so leicht wie ein Lied.
Möge jeder Tag dir strahlende,
glückliche Stunden bringen,
die das ganze Jahr bei dir bleiben.

IRISCHER SEGENSWUNSCH

Ritual

Nimm dir Zeit für einen Neujahrsspaziergang. Gehe hinaus in die Natur. Wähle dir einen Weg, den du bisher noch nicht gegangen bist, und dann meditiere mit jedem Schritt: Ich gehe in etwas Neues hinein. Ich weiß nicht, was mich im neuen Jahr erwartet, aber indem ich Schritt vor Schritt setze, gehe ich selbst aktiv in das Neue hinein. Ich warte nicht nur darauf, was an Neuem auf mich zukommen könnte. Ich selber gestalte das Neue, ich wage etwas Neues. Dann überlege beim langsamen Gehen: Was ist das Neue, in das ich hineingehen möchte? Was könnte neu werden in mir?
Wo ist etwas Neues, das mich reizt, das mich selbst neu werden lässt?

Gute Vorzeichen

Wir lieben es, das neue Jahr mit einem Spaziergang oder einer kleinen Wanderung zu begrüßen. Gerade mit kleinen Kindern beginnt auch der Neujahrstag wie jeder andere: eher früh. Diesen »Vorsprung«, während viele nach langen Silvesterpartys ausschlafen, nutzen wir und packen gleich nach dem Aufstehen Kaffee, Tee, ein kleines Frühstück und eine Decke ein. Und los geht's.

Wir streifen durch den menschenleeren Wald und folgen einsamen Spazierwegen. Wir schauen in die Weite und nehmen die Stille in uns auf. Wenn wir ein schönes Plätzchen finden, packen wir unseren Proviant aus und stärken uns. Weite, Stille, Stärkung: gute Vorzeichen für das neue Jahr.

Epiphanie –
Wir sind die Herrlichkeit Gottes

Das Fest der Epiphanie am 6. Januar bietet uns verschiedene heilsame Bilder an. Da ist einmal das Bild der Magier, die sich auf den Weg machen, um das göttliche Kind anzubeten. In diesen Pilgern der Sehnsucht entdecken wir uns selbst. Wir sind immer auf dem Weg, um anzukommen. Das Ziel des Ankommens ist die Anbetung. Die Magier fallen vor dem göttlichen Kind nieder und beten es an. Darin kommt eine tiefe Sehnsucht in uns zum Ausdruck, wobei Anbetung als Urakt des Menschen zu gelten hat. Es ist die Sehnsucht, von Gott so berührt zu werden, dass wir uns selbst vergessen, dass wir vor Gott einfach niederfallen, weil Gott Gott ist. Wir reflektieren dann nicht über unsere Gefühle, die wir bei der Anbetung haben. Georges Bernanos sagte einmal, es sei eine große Gnade, sich selbst annehmen zu können, aber die Gnade aller Gnaden sei, sich selbst vergessen zu können. Wer sich selbst vergisst, der ist frei von sich selbst, der ist angekommen am Ziel seiner Sehnsucht. Er verzichtet darauf, sich zu fragen, was ihm die Anbetung bringt, er fällt einfach nieder, weil er in seiner Seele tief berührt ist. Nach solchem Berührtsein und Ergriffensein sehnen wir uns. Aber wenn wir es erleben, dann wollen wir darüber nicht sprechen. Es genügt, einfach nur da zu sein, niederzufallen, um anzubeten. Da sind wir am Ziel all unserer Wege.

Ein anderes Bild von Epiphanie ist das Erscheinen der Herrlichkeit Gottes in dem Kind in der Krippe. Epiphanie heißt ja: Erscheinen, Aufleuchten, Aufstrahlen. In unserem Gästehaus haben wir vor Jahren zu diesem Fest einen Kurs gehalten mit dem Thema: »Die Erscheinung der Herrlichkeit Gottes in meinem Leib«. Wir waren von Graf Dürckheim geprägt, der uns die Bedeutung des Körpers für unseren spirituellen Weg aufgezeigt hat. So haben wir in Leibesübungen zu erspüren gesucht, was es für unsere Selbsterfahrung bedeutet, wenn wir das Geheimnis dieses Festes ernst nehmen. Gottes Herrlichkeit möchte in unserem Leib aufleuchten, das wird unsere Augen verwandeln, die voller Licht sein werden. Dann werden wir uns so erfahren, wie es Lukas beschreibt: »Wenn dein ganzer Körper von Licht erfüllt und nichts Finsteres in ihm ist, dann wird er so hell sein, wie wenn die Lampe dich mit ihrem Schein beleuchtet« (Lk 11,36). Graf Dürckheim meinte einmal, es gäbe Menschen, die ihre Schattenseiten verdrängen, aber noch mehr Menschen verdrängen ihre Lichtseiten. Das Fest der Epiphanie möchte uns einladen, das Licht, das in uns existiert, wahrzunehmen und es in unserem Leib aufleuchten zu lassen. Dadurch verwandelt sich unsere Selbsterfahrung in unserem gegebenen Körper. Uns wird das Vertrauen geschenkt, dass unter all dem Chaos in uns Licht ist, ein wärmendes und erhellendes Licht.

Henri Nouwen, der niederländische Theologe und Psychologe, hat sich einmal für sieben Monate in ein Trappistenkloster zurückgezogen. Er stellte Abt John Eudes Bamberger dort die Frage, wie er Gott verherrlichen und wie er sein wahres Wesen verwirklichen könne. Der Abt antwortete ihm: »Nehmen Sie dies als Ihr Lebenswort mit: ›Ich bin die Herrlichkeit Gottes.‹ Machen Sie diesen Gedanken zum Mittelpunkt Ihres Meditierens, sodass er nach und nach nicht nur ein Gedanke, sondern lebendige Wirklichkeit wird. Sie sind der Ort, den Gott sich zur Wohnung erwählt hat, und das geistliche Leben besteht

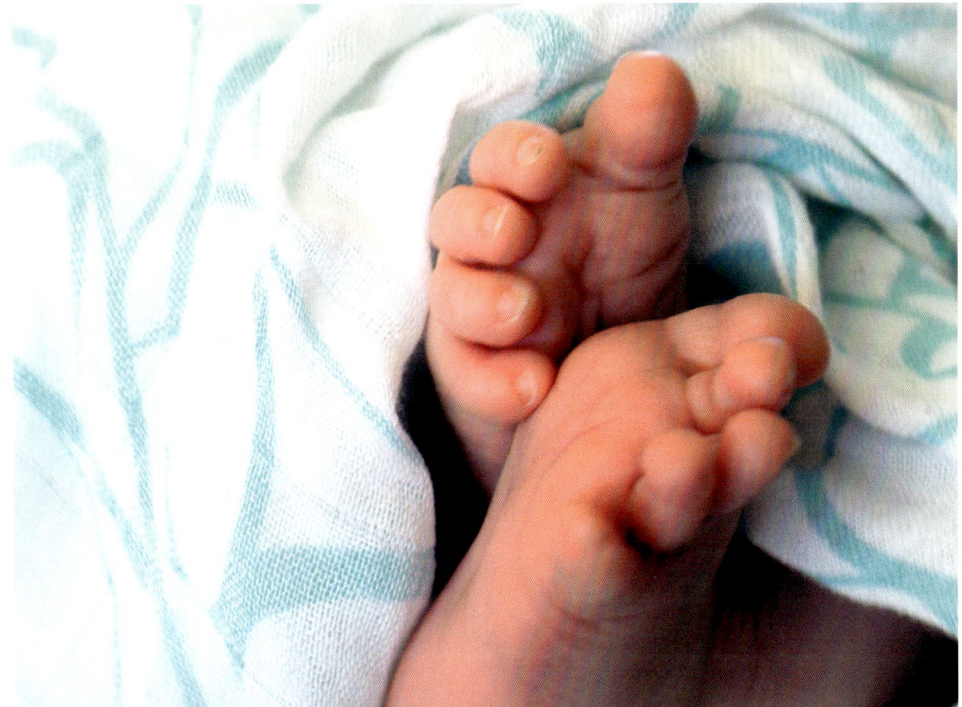

darin, den Raum zu schaffen, in dem Gott wohnen und seine Herrlichkeit sich offenbaren kann.« Nouwen ist dem Rat des Abts gefolgt und hat erfahren, dass dieses Wort ihn mehr und mehr verwandelte. Er hat alles Menschliche in sich, auch das Empfindliche und Bedürftige, in Gottes Herrlichkeit hineingehalten. So hat Gottes Licht alles in ihm mehr und mehr durchdrungen. Man muss dieses Wort »Ich bin die Herrlichkeit Gottes« wie ein buddhistisches Koan meditieren, denn man kann es ja nicht logisch bedenken und analysieren. Also muss man mit dem Wort einfach leben. Aber wenn wir es meditieren, dann verwandelt es unsere Selbsterfahrung. Dann spüren wir, was das Geheimnis des Christseins ist, aber auch das Geheimnis unseres Menschseins. Wir sind vom Licht Gottes erfüllt und durch uns will dieses Licht in die Welt strahlen. Nach Matthäus strahlt unser Licht, wenn wir gute Werke tun (vgl. Mt 5,16). Lukas versteht dieses Strahlen eher mystisch: Wenn wir vom Licht Gottes erfüllt sind, dann strahlen wir dieses Licht nach außen hin aus. Wir erleben ja Menschen mit einer dunklen und einer hellen Ausstrahlung. Das Licht von Epiphanie will unseren ganzen Leib erleuchten, was dann aber auch verlangt, dass wir wirklich alles in uns davon erleuchten lassen, auch unsere Schattenseiten, auch unsere Schwächen und Fehler. Es verlangt, dass wir in aller Ehrlichkeit alles in uns aufdecken und es Gott hinhalten. Der Epheserbrief drückt das so aus: »Alles, was aufgedeckt ist, wird vom Licht erleuchtet. Alles Erleuchtete aber ist Licht« (Eph 5,13f). Alles, auch das Dunkle und Schwache, das Verdrängte und Unterdrückte, auch das Sündhafte in uns soll in Gottes Licht gehalten werden, dann kann es durch alles in uns hindurchstrahlen. Halten wir Gott hingegen nur unsere starken und guten Seiten hin, wird sein Licht nur durch wenig in uns hindurchstrahlen. Vielleicht wird dann in unseren Gedanken etwas davon aufleuchten, aber unser Leib bleibt dunkel. Wir erleben manchmal Menschen, die schöne Gedanken vortragen, von denen aber eine eher unangenehme Ausstrahlung ausgeht. Das kann immer ein Zeichen sein, dass sie nicht alles in sich aufgedeckt und ins göttliche Licht hineingehalten haben.

Ritual

Setze dich still hin und verbinde deinen Atem mit dem Wort: »Ich bin die Herrlichkeit Gottes.« Beim Einatmen sage: »Ich bin« und beim Ausatmen: »die Herrlichkeit Gottes«. Stelle dir dabei vor, dass diese Herrlichkeit beim Ausatmen alle Bereiche deines Leibes und deiner Seele durchdringt. Du lässt das Licht Gottes im Ausatmen bis in den Grund deiner Seele hineinströmen. Dann wirst du dich anders erfahren. Du spürst deine wahre Wirklichkeit. Du bist selbst Licht geworden, weil Gottes Licht alles in dir durchdringt. Damit kannst du nicht prahlen, aber du darfst dankbar genießen, dass du die Herrlichkeit Gottes bist, dass in dir etwas vom Glanz Gottes aufstrahlt.

Die Heiligen Drei Könige

Das Hochfest der Epiphanie, auch Erscheinung des Herrn genannt, ist vielen vor allem als Dreikönigstag bekannt. Dies ist seit dem Mittelalter so, als die Heiligen Drei Könige aus der Weihnachtserzählung in den Vordergrund traten. Seither wird der Festtag der Epiphanie im deutschen Sprachraum fast ausschließlich Dreikönigsfest genannt.

Das Fest hat seinen Ursprung im Matthäusevangelium, wo berichtet wird, dass Sterndeuter aus dem Osten einem Stern gefolgt seien, der sie bis nach Bethlehem geführt hatte. Dort brachten sie dem neugeborenen »König der Juden« ihre Verehrung und ihre Geschenke dar. Seit dem neunten Jahrhundert tragen diese Könige auch bestimmte Namen: Caspar, Melchior und Balthasar.

Im Rahmen der Sternsingeraktion, die alljährlich rund um den Dreikönigstag stattfindet, gehen Kinder und Jugendliche als Heilige Drei Könige gekleidet in die Häuser. Sie singen, bringen den Segen »Christus mansionem benedicat – Christus segne dieses Haus« und sammeln Spenden für notleidende Kinder in aller Welt. Aber nur noch selten, vor allem in den Städten, gehen die Gruppen unangemeldet von Haus zu Haus. Wer sich im städtischen Kontext diesen königlichen Besuch wünscht, muss sich in der Regel bei der Pfarrgemeinde melden.

Königskuchen

Mindestens seit dem 16. Jahrhundert (zu dieser Zeit wird der Brauch zum ersten Mal schriftlich erwähnt) gibt es die Tradition des Königskuchens, in den eine Bohne, eine Münze oder eine Porzellanfigur eingebacken wird. Wer diese Zugabe in seinem Kuchenstück findet, so der Brauch, ist für einen Tag »König« in der Familie. Die Tradition ist in vielen Ländern weit verbreitet. In der Schweiz werden ungefähr so viele Kuchen samt goldener Krone gekauft, wie es Haushalte gibt! In Deutschland sind die Sternsinger weitaus bekannter als der Königskuchen. Aber es spricht ja nichts dagegen, beide Traditionen zu pflegen. Gerade für Kinder ist es ein großer Spaß, voller Spannung den leckeren Kuchen zu essen und zu hoffen, dass in ihrem Stück etwas versteckt ist.

Die Rezepte für den Königskuchen sind von Land zu Land verschieden. Es gibt gefüllten Hefekuchen oder verziert mit kandierten Früchten, Blätterteig mit Marzipan gefüllt oder ein Rührkuchen nach Art eines Sandkuchens. Da wir den Königskuchen zum Frühstück essen, hat sich für uns ein süßer Hefeteig bewährt. Wer die Mandel in seinem Stück findet, ist für einen Tag König oder Königin, bekommt eine Krone (bei uns wird sie aus gelbem Tonpapier gebastelt) und darf sich für den Tag eine gemeinsame Unternehmung wünschen.

Das Rezept für den Königskuchen

- 500 g Mehl (wir nehmen zur Hälfte Vollkornmehl)
- 3 EL Zucker
- ½ Würfel Hefe (ca. 20 g)
- 60 g weiche Butter
- 1 gute Prise Salz
- abgeriebene Schale einer ½ Bio-Zitrone oder -Orange (je nach Geschmack)
- 300 ml zimmerwarme Milch oder pflanzliche Milch (je nach Anteil des Vollkornmehls evtl. etwas mehr, das muss man ein bisschen nach Gefühl entscheiden)
- 1 ganze Mandel
- 1 Ei

So gehts:

Mehl und Zucker in einer Schüssel mischen. Hefe zerbröseln und daruntermischen. Die Butter in Würfel schneiden und dazugeben. Zitronen- oder Orangenschale, Salz und Milch dazugeben, alles mischen und zu einem weichen, glatten Teig kneten (das dauert ungefähr 10 Minuten). Zugedeckt bei Raumtemperatur ca. zwei Stunden ruhen lassen, bis der Teig sein Volumen verdoppelt hat. Falls der Kuchen zum Frühstück verspeist werden soll, kann der Teig über Nacht im Kühlschrank gehen.
Ein Backbleck mit Backpapier belegen und den Backofen auf 180 Grad Umluft vorheizen.
Aus dem Teig acht Kugeln mit ca. 80 g formen und in einer der Kugeln die Mandel verstecken. Aus dem restlichen Teig eine große Kugel formen und in die Mitte des Blechs setzen. Die kleinen Kugeln gleichmäßig an die große Kugel ansetzen (das ähnelt dann einer Blume) und zugedeckt bei Raumtemperatur nochmals ca. 30 Minuten gehen lassen. Das Ei verquirlen und den Kuchen damit bestreichen.

Backzeit: ca. 30 Minuten in der unteren Hälfte des Backofens.

Königslichter basteln

Für den Dreikönigstisch basteln wir ganz leicht wunderschöne Königslichter. Das Einzige, was man dazu braucht, sind ein paar Trinkbecher aus Pappe, die vielleicht noch vom letzten Sommerfest übrig sind. Mit einer Schere werden dann aus dem Rand Dreiecke ausgeschnitten. Werden die verbliebenen Zacken leicht nach außen gebogen, verwandeln sie sich ruckzuck in die Zacken einer Königskrone. Ein Teelicht hineinstellen und schon sind die leuchtenden Krönchen fertig.

Taufe Jesu –
Bedingungslos geliebt sein

Nach der Liturgiereform des Zweiten Vatikanischen Konzils endet die Weihnachtszeit mit dem Fest der Taufe Jesu. Auch von diesem Fest möchte ich nur zwei Bilder betrachten. Das eine Bild ist die Vollendung von Weihnachten. Jesus steigt vom Himmel auf die Erde nieder, und in der Taufe steigt er noch tiefer hinab: nämlich in das Wasser des Jordan. Die Wassertiefen stehen in der Bibel für das Dämonische. Im Wasser – so die Auffassung Israels – tummelt sich Leviathan, das Ungeheuer, das den Menschen bedroht. Jesus steigt in seiner Taufe in das Wasser hinab, um alles in dieser Welt zu heilen. Proklos, ein griechischer Kirchenvater, sieht das Geheimnis der Taufe Jesu so: »Christus ist der Welt erschienen, er hat die ungeordnete Welt des Chaos geordnet und sie hell und froh gemacht. Er hat die Sünde der Welt auf sich genommen und den Feind der Welt gestürzt. Er hat die Wasserquellen geheiligt und die Seelen der Menschen erleuchtet« (Brevier I,1,173f). Das Wasser des Jordan zeigt gleichsam die Elemente, die durch die Menschwerdung Jesu geheiligt worden sind. Jetzt ist alles auf dieser Welt von göttlichem Leben durchdrungen. Überall können wir Christus begegnen, auch in den Tiefen unserer eigenen Seele, für die das Wasser ebenfalls steht.

Die Ostkirche hat die Taufe Jesu gerne dargestellt. Sie sieht darin die Vollendung der Menschwerdung Gottes in Jesus Christus. In der Taufe Jesu wird deutlich, dass er in seiner Menschwerdung solidarisch geworden ist mit den Sündern, denn im Jordan hat Johannes all die Sünder getauft, die bereit waren, umzukehren. Das Wasser des Jordan ist gleichsam mit den Sünden aller Menschen erfüllt, die sich dort taufen ließen. Jesus steigt in seiner Menschwerdung hinab in das Wasser der Sünde, um es zu heiligen und zu reinigen. Für uns ist es heilsam, wenn wir Jesus auch in unsere Schuld hinabsteigen lassen. Wir wollen unsere Schuld und unsere Verfehlungen lieber verdrängen oder uns dafür rechtfertigen, fällt es uns doch schwer, uns einzugestehen, dass wir trotz allen spirituellen Strebens auch Sünder sind. Das Fest der Taufe Jesu lädt uns ein, auch diesen dunklen Bereich unserer Seele Gott hinzuhalten. Es ist die Verheißung, dass alles in uns gereinigt werden kann, was unser ursprüngliches Bild trübt und verdunkelt.

Das zweite Bild der Taufe Jesu ist das Wort, das Gott zu Jesus spricht: »Du bist mein geliebter Sohn, an dir habe ich Gefallen gefunden« (Mk 1,11). Dieses Wort wird auch uns in der Taufe zugesprochen. Wir sind Gottes geliebte Söhne und Töchter. Karl Frielingsdorf hat die heilsame Bedeutung dieses Zuspruchs so erklärt: Zur gelingenden Menschwerdung gehört es, dass wir bedingungslos geliebt sind. Doch viele Kinder erleben nur eine bedingte Daseinsberechtigung: Du darfst sein, wenn du Erfolg hast, wenn du etwas leistest, wenn du brav bist, wenn du pflegeleicht bist. Die bedingte Daseinsberechtigung führt dazu, dass die Kinder Strategien des Überlebens entwickeln. Sie versuchen, immer mehr zu leisten, um geliebt zu werden. Sie sagen nie ihre eigene Meinung, nur um überall beliebt zu sein. Das aber stellt nach Frielingsdorf lediglich ein Überleben dar. Leben kann nur der wirklich, der sich bedingungslos geliebt weiß. Die Taufe Jesu erinnert uns an die eigene Taufe, in der uns zugesagt worden ist, dass wir bedingungslos geliebt sind, und sie lädt uns ein, auch einander ohne Bedingung anzunehmen. Sie erinnert uns zudem daran, dass der Geist Jesu uns von allen Bildern und Projektionen befreit, die andere uns überstülpen, und dass wir durch ihn in Berührung kommen mit dem ursprünglichen Glanz, mit dem einzigartigen Bild, das Gott sich nur von uns gemacht hat.

Zwei kleine Augen

Text: Annette Nau, Musik: Matthias E. Gahr | Rechte bei den Autoren

2. Zwei kleine Hände, die spielen,
   zehn kleine Finger, die fühlen,
   ein kleiner Mund, der fröhlich lacht,
   so schön hast du, Gott, mich gemacht.

3. Zwei rote Lippen, die singen,
   zwei kleine Füße, die springen,
   ein kleiner Mund, der fröhlich lacht,
   so schön hast du, Gott, mich gemacht.

Ritual

Erinnere dich an deine eigene Taufe. Du kannst dich zwar nicht mehr konkret erinnern, wie du als Kind getauft worden bist, aber du hast wahrscheinlich genügend Taufen miterlebt, um dir vorstellen zu können, wie der Priester auch über dich Wasser ausgegossen hat. Stelle dir vor: Das Wasser reinigt mich von allen Trübungen, die das ursprüngliche Bild Gottes in mir verunreinigt haben; es bringt mich in Berührung mit dem unverfälschten Bild Gottes in mir. Das Wasser ist auch ein Symbol für die Quelle des Heiligen Geistes, die in mir sprudelt. In mir ist eine Quelle, die nie versiegt, weil sie göttlich ist.

Wenn du in eine Kirche gehst, nimm bewusst das Weihwasser: Berühre mit dem Wasser deine Stirn und stelle dir vor: Mein Denken wird gereinigt. Ich denke klar. Ich denke Gedanken des Friedens und der Versöhnung und nicht der Spaltung und der Aggression. Dann berühre mit dem Wasser deinen Unterbauch. Das Wasser der Taufe will deine Vitalität und deine Sexualität reinigen, dass sie durchlässig werden für die Liebe. Dann berühre deine linke Schulter. Stelle dir vor: Die Bilder meiner Träume, das Chaos und Dunkel meines Unbewussten werden durch das Wasser der Taufe gereinigt. Dann berühre deine rechte Schulter mit dem Wasser: Das Wasser reinigt dein Bewusstsein von allem Trüben und es bringt etwas Klares in dein Handeln hinein.

»Mama, Papa, wie war das damals?«

Sich mit den Kindern an die eigene Taufe zu erinnern, gelingt am besten anhand des Taufalbums, wenn es eines gibt. Da sie sich, wenn sie als Säugling oder Kleinkind getauft wurden, nicht an die eigene Taufe erinnern können, ist für sie meistens ziemlich spannend, den Erzählungen der Eltern zuzuhören. Welche Gäste waren da? Wo haben wir gefeiert? Welche Lieder haben wir gesungen? Was habe ich geschenkt bekommen?
Wenn es ein Taufalbum gibt, ist es schön, sich gemütlich aufs Sofa zu kuscheln und die Fotos anzuschauen. Wir zünden dazu auch die Taufkerze an. Es ist zudem für uns Eltern ein berührender Moment, die kleinen Wesen auf den Fotos zu sehen und die schon »großen Kleinen« neben sich zu spüren.

Das poetische Bilderbuch »Vielleicht« erzählt davon, wie viele Begabungen in uns schlummern, und bringt die Einzigartigkeit eines jeden Menschen in wunderschöne Bilder.

♡ Kobi Yamada, **Vielleicht. Eine Geschichte über die unendlich vielen Begabungen in jedem von uns,** Berlin 2019

Segen über ein Kind

Segne dieses Kind und hilf uns, ihm zu helfen,
dass es sehen lernt mit seinen eigenen Augen
das Gesicht seiner Mutter
und die Farben der Blumen
und den Schnee auf den Bergen
und das Land der Verheißung

Segne dieses Kind und hilf uns, ihm zu helfen,
dass es hören lernt mit seinen eigenen Ohren
auf den Klang seines Namens
auf die Wahrheit der Weisen
auf die Sprache der Liebe
und das Wort der Verheißung

Segne dieses Kind und hilf uns, ihm zu helfen,
dass es greifen lernt mit seinen eigenen Händen
nach der Hand seiner Freunde
nach Maschinen und Plänen
nach dem Brot und den Trauben
und dem Land der Verheißung

Segne dieses Kind und hilf uns, ihm zu helfen,
dass es reden lernt mit seinen eigenen Lippen
von den Freuden und Sorgen
von den Fragen der Menschen
von den Wundern des Lebens
und dem Wort der Verheißung

Segne dieses Kind und hilf uns, ihm zu helfen,
dass es gehen lernt mit seinen eigenen Beinen
auf den Straßen der Erde
auf den mühsamen Treppen
auf den Wegen des Friedens
in das Land der Verheißung

Segne dieses Kind und hilf uns, ihm zu helfen,
dass es lieben lernt mit seinem ganzen Herzen

LOTHAR ZENETTI

Mariä Lichtmess –
Das Verlorene suchen

Das Fest Mariä Lichtmess am 2. Februar deutet innerhalb des Winters eine Wende an. Der Winter hat seinen Höhepunkt erreicht, jetzt sendet der Frühling schon seine ersten Signale. Vor der Liturgiereform durch das Zweite Vatikanische Konzil endete die Weihnachtszeit mit dem Fest Mariä Lichtmess, und bis zu diesem Datum blieben die Christbäume und die Weihnachtskrippen auch in der Kirche, wie es heute noch gehandhabt werden kann. Die Liturgie nennt dieses Fest: Fest der Darstellung des Herrn, doch im Volksmund ist »Mariä Lichtmess« verbreitet. Gefeiert wird es mit einer Lichterprozession. Kerzen werden gesegnet, und dann zieht man mit den Kerzen durch die dunkle Kirche zum Altar.

Schon im fünften Jahrhundert hat man in Rom an diesem Tag Kerzen geweiht und hat mit brennenden Kerzen eine Prozession veranstaltet. Die Kirche hat damit pagane Reinigungsprozessionen übernommen, aber christlich getauft. In Rom gab es in den ersten Tagen des Februars jeweils Prozessionen, die man »Amburbale« nannte, also: Zug um die Stadt. Diese Umzüge hatten verschiedene Bedeutungen: Zum einen galten sie der Bitte um den Frieden, dann wurden sie auch als Reinigungsritual verstanden. Was sich in der Stadt an Konflikten angestaut hatte, sollte durch die Kerzenprozession gereinigt werden. Darüber hinaus hielt man solche Umzüge auch in Erinnerung an den Raub der Proserpina durch den Gott der Unterwelt ab. Als sich die Mutter Ceres bei Jupiter über den Raub ihrer gemeinsamen Tochter beschwerte, schlug dieser einen Kompromiss vor: Vom 1. November bis 2. Februar blieb Proserpina in der Unterwelt, dann durfte sie wieder nach oben und die Fluren segnen. Ich möchte dieses Fest vom römischen Mythos des Raubes der Proserpina her als ein heilsames Fest deuten. Jener Mythos erzählt also, dass Pluto, der Gott der Unterwelt – die Römer nannten ihn auch Februus –, Proserpina (oder bei den Griechen auch Kore) geraubt hat. Die Mutter Ceres (im Griechischen: Demeter), die Göttin des Wachstums, war todunglücklich und suchte die ganze Nacht hindurch mit einer brennenden Fackel nach ihr. Wenn wir diesen Mythos als Bild für das Fest Mariä Lichtmess nehmen, dann bekommt es auch für uns eine neue Bedeutung. Wir ziehen mit dem Licht Jesu Christi durch die Stadt unseres Lebens und suchen das, was uns geraubt worden ist. Dabei können wir an all das denken, was uns der Gott der Unterwelt, was uns all das Dunkle in unserer Seele geraubt hat. Manchmal wird uns eine Freundschaft geraubt, weil in den Tiefen unseres Herzens Zweifel aufsteigen oder unerklärliche Aggressionen oder Stimmungen, die wir nicht erklären können. Das, was von unten hochkommt, das Fremde, das wir nicht einordnen können, kann uns die Liebe nehmen, die uns miteinander verbindet. Es kann uns die eigene Sicherheit und Standfestigkeit rauben, uns das Selbstwertgefühl zerstören. So kann uns das Dunkle auch unsere Werte rauben. Das, was für uns als heilig galt, wird uns auf einmal genommen, wird uns aus der Hand gerissen. Dann bleibt uns nur wie Ceres die Klage über die geliebte Tochter Proserpina, die vom Namen her schon die Verheißung von Fruchtbarkeit war. All das, worauf wir unsere Hoffnung gesetzt haben, ist uns genommen worden. Das muss betrauert werden. Aber wir dürfen nicht in der Trauer und in der Dunkelheit versinken. Wir brauchen eine Kerze, wir brauchen das Licht Jesu Christi, um mit ihm in die dunklen Kammern unseres Leibes und unserer Seele hinabzusteigen und dort nach dem Verlorenen zu suchen.

Jacobus de Voragine erinnert am Fest Mariä Lichtmess an den Brauch der römischen Frauen, mit Lichtern und Fackeln nach ihren verlorenen Töchtern

zu suchen. In diesem Zusammenhang begründet er die Übernahme dieses Brauches durch das Christentum so: »Nun ist es schwer, Gewohntes fahren zu lassen; darum mochten die Römer, da sie Christenglauben empfingen, diese heidnische Sitte nicht lassen, und also wandelte Sergius der Papst diese Gewohnheit zum Guten und ordnete an, dass die Christen zu Ehren der Mutter Gottes jedes Jahr an diesem Tag mit brennenden Kerzen und geweihtem Wachs alle Welt sollten erleuchten; also blieb die andächtige Gewohnheit, aber der Sinn ward ein anderer« (Legenda aurea 191). Jacobus nennt die Sitte der Römerinnen eine andächtige Gewohnheit. Als solche können wir Christen all die Bräuche bezeichnen, die Römer, Griechen, Kelten, Germanen oder andere Völker in ihren religiösen Traditionen übten. Die Kirche war weise genug, diese andächtigen Gewohnheiten nicht zu verbieten, sondern ihnen einen anderen Sinn zu geben. Auf diese Art hat sie die Sehnsucht, die die Menschen in diesen Bräuchen ausgedrückt haben, aufgegriffen und sie auf Christus gelenkt, der sie nach unserem Glauben wirklich zu erfüllen vermag.

Jesus hat dieses Motiv vom Suchen des Verlorenen aufgegriffen in seinem Gleichnis von der verlorenen Drachme. Die kostbare Drachme ist ein Bild für das wahre Selbst. Wenn wir sie verlieren, verlieren wir unsere Mitte, dann fallen wir auseinander. Die Frau – ein Bild für die Seele – sucht nun in den Räumen des Unbewussten nach der abhanden gekommenen Drachme. Hat sie sie aber gefunden, feiert sie mit ihren Freundinnen ein Fest, das Fest des Wiederfindens. So könnten wir auch das Fest Mariä Lichtmess als Fest des Wiederfindens feiern. Wir haben Christus wiedergefunden. Zu Beginn des Februars, wenn der Winter sich langsam dem Frühling nähert, hat sich manchmal in uns die Stimmung verdunkelt. Wir haben uns selbst aus dem Auge verloren. Da ziehen wir mit brennenden Kerzen durch die Straßen unseres Lebens, durch die Räume unserer Seele, um all das Verlorene in uns zu suchen: die verlorene Mitte, die verlorene Kraft, die verlorene Begeisterung, die verlorenen Ideale, den verlorenen Glauben, die verlorene Unschuld. Es ist also ein Fest der Integration, an dem all das, was wir in uns verloren haben, gesucht und in das Ganze unseres Lebens wiedereingegliedert wird.

Ritual

Zünde eine Kerze an und gehe mit der brennenden Kerze durch deine dunkle Wohnung. Frage dich in jedem Raum, den du mit der Kerze betrittst: Was habe ich dort verloren? Was habe ich im Wohnzimmer, im Schlafzimmer, in der Küche, im Arbeitszimmer verloren? Und was möchte das Licht Jesu Christi mir wieder zurückgeben? Stelle dir vor, dass alles, was du in deiner Wohnung findest – alle Möbel, alle Bilder, alle Erinnerungsstücke –, zu deiner Ganzheit gehört. Alles ist ein Bild für deine Person, die sich ausdrückt in der Art und Weise, wie du wohnst. Lass alles, was deine Wohnung dir zeigt und was dich als Person ausmacht, vom Licht Jesu erleuchten und verwandeln. Dann wirst du dich auf neue Weise in deiner Wohnung erleben und du wirst deine eigene Ganzheit erahnen.

Lichte Momente

Seit vielen Jahrhunderten stehen Kerzen mit dem Fest Mariä Lichtmess in enger Verbindung. Kerzen begleiten uns durch das ganze Jahr: Die Tischkerze brennt, wenn wir gemeinsam essen; die Geburtstage werden durch die Kerzen in der Anzahl der Lebensjahre besonders festlich. Und vier Kerzen begleiten uns durch den Advent.

Traditionellerweise werden an Mariä Lichtmess die Kerzen gesegnet, die übers Jahr in der Kirche gebraucht werden. Die Gläubigen bringen auch ihre eigenen Kerzen von zu Hause mit, um sie segnen zu lassen.

Mariä Lichtmess ist zudem ein guter Anlass, gemeinsam mit den Kindern zu schauen, woraus Kerzen eigentlich bestehen. Meistens werden sie aus Paraffin hergestellt, also aus einem Erdölprodukt. Dass das nicht besonders nachhaltig ist, versteht sich von selbst. Sogenannte Biokerzen aus Stearin sind zwar biologisch abbaubar, aber der Rohstoff, aus dem sie hergestellt werden, ist Palmöl. Und für die Plantagen zur Produktion von Palmöl werden bekanntlich riesige Flächen des tropischen Regenwalds vernichtet.

Eine gute Alternative dazu sind Kerzen und Teelichte, für deren Herstellung Fette und Öle verwendet werden, die in der Nahrungsmittelindustrie als Reste anfallen. Daneben gibt es Kerzen aus Bienenwachs und als vegane Alternativen aus Soja- oder Rapswachs. Sie sind unbedenklich für Natur und Gesundheit, was natürlich seinen Preis hat. Gerade dadurch können wir jedoch wieder ein Gespür dafür bekommen, dass es ein besonderer Moment ist, wenn wir eine Kerze anzünden.

Kerzen gießen

Aus Wachsresten können wir selbst Kerzen herstellen. Reste nicht wegzuwerfen, sondern wiederzuverwerten, ist die nachhaltigste Form des Konsums.

Wir brauchen:
- Wachsreste
- leere Konservendosen zum Schmelzen des Wachses
- Baumwollgarn für den Docht
- Zahnstocher, um die Dochte zu fixieren
- Papprollen von Toilettenpapier als Gießform
- Sand und große Konservendosen oder Gläser als Halterung für die Papprollen

Wir sortieren die Kerzenreste, die wir übers Jahr gesammelt haben, nach Farben (so erhalten wir auch bei den neuen Kerzen wieder klare Farben). In einer leeren Konservendose im Wasserbad schmelzen wir die Wachsreste. Dabei darauf achten, dass kein Wasser ins Wachs spritzt. Die übrigen Dochtreste, die sich lösen, angeln wir mit einer Gabel aus dem flüssigen Wachs.

Für die Dochte nehmen wir Baumwollgarn (wenn es zu dünn ist, flechten wir es zu einer Kordel), tauchen es in das heiße Wachs und lassen die Schnüre abkühlen.

Die Kerzendochte in entsprechender Länge mithilfe von Zahnstochern mittig in die Papprollen hängen. Die Papprollen jeweils in ein Gefäß stellen (auch hier eignen sich Konservendosen in passender Größe oder leere Gläser) und Sand rund um die Papprolle füllen. Dann gießen wir das flüssige Wachs vorsichtig ein und lassen es fest werden. Die Papprollen lassen sich am besten ablösen, wenn das Wachs noch ein bisschen warm, aber schon druckfest ist.

Das Wachs kann auch direkt in kleine Konservendosen, Einmachgläser oder hübsche alte Tassen vom Verschenketisch gegossen werden.

»Die ganze Dunkelheit der Welt kann das Licht einer einzelnen Kerze nicht löschen.«

Franz von Assisi

Wer findet den Frühling?

Irgendwann im Februar ist es soweit: Die ersten Vorfrühlingsboten blinzeln aus der Erde und kitzeln auch in uns die Sehnsucht nach dem Frühling wach. Meistens sind es die Schneeglöckchen, die sich als Erste aus dem Winterschlaf wagen. Es macht großen Spaß, mit den Kindern bei einem Spaziergang durchs Wohnviertel oder im eigenen Garten danach zu suchen. Wer entdeckt die zauberhaften weißen Glöckchen zuerst?

Wie die Schneeglöckchen entstanden sind

Einer Legende nach sind die Schneeglöckchen entstanden, nachdem Adam und Eva aus dem Paradies vertrieben worden waren. Es war bitterkalter Winter und die beiden waren so verzweifelt über die Kälte, dass sie weinten und schrien. Da hatte Gott Mitleid mit ihnen und schickte ihnen einen Engel, der die Schneeflocken in kleine Blüten verwandelte – die Schneeglöckchen. Oskar Dähnhardt, ein deutscher Altphilologe, der im 19. Jahrhundert viele Märchen zusammengetragen hat, erzählt die Geschichte vom Schneeglöckchen folgendermaßen:

Vom Schnee und vom Schneeglöckchen

Gott hatte alles erschaffen: Gras und Kräuter und Blumen. Er hatte ihnen die schönsten Farben gegeben. Zuletzt machte er noch den Schnee und sagte zu ihm: »Die Farbe kannst du dir selbst aussuchen. So einer wie du, der alles frisst, wird ja wohl etwas finden.«

Der Schnee ging also zum Gras und sagte: »Gib mir deine grüne Farbe!« Er ging zur Rose und bat sie um ihr rotes Kleid. Er ging zum Veilchen und dann zur Sonnenblume. Denn er war eitel. Er wollte einen schönen Rock haben. Aber Gras und Blumen lachten ihn aus und schickten ihn fort.

Er setzte sich zum Schneeglöckchen und sagte betrübt: »Wenn mir niemand eine Farbe gibt, so ergeht es mir wie dem Wind. Der ist auch nur darum so bös, weil man ihn nicht sieht.«

Da erbarmte sich das Schneeglöckchen und sprach: »Wenn dir mein Mäntelchen gefällt, kannst du es nehmen.« Der Schnee nahm das Mäntelchen und ist seitdem weiß. Aber allen Blumen ist er seitdem feind, nur nicht dem Schneeglöckchen.

Unter dem Schnee

Unter

und durch den Schnee

wächst

österliches Frühlingshoffen.

Das eisige Weiß ist

nur eine Schutzhülle,

damit das Wachsende

zu seiner Zeit

zum Wunderbaren

heranreifen kann.

MARIA SASSIN

Fastnacht und Aschermittwoch –
Verzicht als Verstärkung des Lebens

Ursprünglich bezeichnet die Fastnacht, wie es im Namen anklingt, die Nacht vor der Fastenzeit, also vor dem Aschermittwoch. Das bayrische Wort »Fasching« bezieht sich dagegen auf das Ausschenken des Fastentrunkes. Vor der Fastenzeit hat man nochmals kräftig Bier oder Wein getrunken. Die Rheinländer sprechen vom »Karneval«, ein Begriff, der aus dem Lateinischen kommt und ursprünglich bedeutet haben kann: carne vale = Fleisch, lebe wohl! Es bezieht sich dann darauf, dass man in der Fastenzeit kein Fleisch essen durfte. Die Faschingszeit hatte also ursprünglich eine religiöse Bedeutung. Bevor man sich in der Fastenzeit von Fleisch und Alkohol fernhielt, durfte man sich im Karneval noch einmal richtig an diesen Gaben erfreuen. Diese Freude hat man dann in vielen Feiern ausgedrückt. Aber in der Fastnacht hat sich auch die ältere Tradition eines Vorfrühlings- und Fruchtbarkeitsfestes fortgesetzt: Man hat – vor allem im alemannischen Bereich – dieses Fest mit Masken gefeiert, um feindliche Mächte zu verspotten und auszutreiben.

Es ist offensichtlich ein Bedürfnis der Menschen, ausgiebig zu feiern und sich der Freude zu überlassen, um sich dann wieder der Askese zuzuwenden, sich durch Verzicht wieder in die innere Freiheit einzuüben. Die Feier, in der man die eigenen Rollen einmal vergisst und in neue Rollen schlüpft, in der man sich durch Masken mit etwas in seiner Seele vertraut macht, was man sonst am liebsten verdrängen möchte, erscheint als Notwendigkeit. Gerade dort, wo man die Fastenzeit ernst genommen hat, hat man sich auch besonders dem Fasching, dem Karneval hingegeben.

Der Aschermittwoch ist ein Einschnitt. Da verstummt auf einmal der fröhliche Gesang des Halleluja. Man geht in den Gottesdienst, um sich ein Aschekreuz auf die Stirne zeichnen zu lassen. Die Asche erinnert einerseits daran, dass wir nur Staub sind und zum Staub zurückkehren werden, zum anderen ist sie ein wichtiges Mittel zur Reinigung. Mit dem Aschermittwoch beginnt die Fastenzeit, die den Winter mit dem Frühling verbindet. Sie ist eine Vorbereitungszeit auf den Frühling, in dem Neues in uns aufblühen möchte.

Die Fastenzeit bietet uns eine Reihe von heilsamen Bildern an. Da ist einmal das Bild der inneren Freiheit, in die wir uns dann hineintrainieren. Wir verzichten auf bestimmte Dinge wie Essen oder Fernsehen, um uns unsere Freiheit von diesen Dingen zu beweisen. Es tut unserer Seele nicht gut, wenn wir abhängig sind von Genüssen wie Alkohol, Kaffee, Fleisch, Süßigkeiten. Die Trainingszeit stärkt unsere inneren Kräfte. Wir können unser Leben noch selbst gestalten, wir leben selbst, anstatt gelebt zu werden. Sigmund Freud, der Begründer der Psychoanalyse, meint, wer nicht verzichten kann, könne auch kein starkes Ich entwickeln. Der Verzicht ist also nicht Lebensverneinung, sondern im Gegenteil Verstärkung des Lebens. Wer verzichten kann, kann auch besser genießen, ja, es gehört zum Genießen an sich dazu, eine Zeitlang auf etwas zu verzichten. Wenn ich jedes Bedürfnis sofort befriedigen muss, dann verliere ich meine eigene Freiheit und die Fähigkeit, etwas zu genießen. Das Warten auf etwas erhöht den Genuss, und das Verzichten bringt uns in Berührung mit unserem eigenen Leib. Psychologen haben festgestellt, dass die, die ihr Bedürfnis sofort befriedigen müssen, nicht in Beziehung zu sich selbst und zu ihrem Leib sind. Die Fastenzeit will uns also in Beziehung bringen zu unserem Leib und zu unserer Seele. Das tut uns gut. Das ist heilsam für uns.

Ein anderes Bild ist das der Reinigung. Das Fasten will unseren Körper reinigen, aber die Fastenzeit ist auch die Zeit, in der wir unseren Geist reinigen sollen. Das geschieht – so empfiehlt es uns Mönchen der heilige Benedikt – durch Gebet unter Tränen. Tränen wurden im Mönchtum immer als von reinigender Wirkung geschätzt. Man kann das Weinen nicht erzwingen, aber wenn wir unserer Wahrheit begegnen und darüber weinen können, dann reinigt das unseren Geist. Unter den vielen Methoden der Reinigung, die Mönche entwickelt haben, nimmt das Jesusgebet einen wichtigen Rang ein. Wir sprechen das Jesusgebet »Herr Jesus Christus, Sohn Gottes, erbarme dich meiner« in unsere Gedanken und Gefühle hinein. Das verwandelt die Gefühle und reinigt sie von ihren destruktiven Tendenzen. Emotionen sind wichtige Kräfte, die uns bewegen, aber sie können uns auch beherrschen, und dann tun sie uns nicht gut. Wir Mönche versuchen, alle Emotionen zuzulassen und sie anzuschauen. Indem wir das Jesusgebet in die Emotionen hineinsprechen, werden sie von ihrer negativen Energie befreit, während ihre belebende Energie uns befruchten kann.

Die Reinigung kann sich aber auch auf den Frühjahrsputz unserer Wohnung beziehen. Auch wenn das rein äußerlich zu sein scheint, so tut es unserer Seele doch gut, unser Heim von unnötigem Ballast zu befreien, damit wir wieder aufatmen können. Die Reinigung könnte gleichfalls unsere Sprache mit einbeziehen. Gerade durch unser Reden wird unser Geist oft beschmutzt. Jesus sagte von seiner Sprache: »Ihr seid schon rein durch das Wort, das ich zu euch gesagt habe« (Joh 15,3). Unsere Sprache ist oft beeinflusst von der Tendenz, uns selbst besser darzustellen oder andere zu verletzen. Gerade, wenn wir über andere reden, schleichen sich Schemata der Bewertung und Verurteilung ein. Ein guter Weg, die Sprache zu reinigen, könnte darin bestehen, einmal eine ganze Woche lang nicht über andere zu reden. Das kann eine persönliche Übung sein, es könnte aber auch im Idealfall eine gesellschaftliche Übung werden. Wenn sich die Gesellschaft darauf verständigen könnte, in der Fastenzeit einmal nicht über andere zu reden und zu urteilen, dann würde das sicher einen wesentlichen Beitrag zu ihrer Humanisierung leisten. Es würde auf einmal mehr Klarheit und Reinheit in der gemeinsamen Sprache herrschen. Das täte uns allen gut.

Ritual

Beobachte dich einmal, über wen du gerne redest und wie schnell sich in dieses Reden ein Urteilen und Bewerten einschleicht, wie gerne du gerade über die Fehler anderer redest. Dann nimm dir für heute einmal vor, über den Menschen, über den du dich sonst so gerne aufregst, nicht zu sprechen. Wenn es dich drängt, trotzdem zu reden, dann verbiete es dir: Heute nicht. Aber belasse es nicht beim Nicht-Reden. Versuche auch, deine Gedanken zum Schweigen zu bringen, die du dir über den anderen machst. Die Mönche sagen: Es hat keinen Sinn, kein Fleisch zu essen, wenn du ständig durch deine urteilenden Gedanken und Worte das Fleisch deiner Brüder isst. Lass dich von deinem Verzicht in der Fastenzeit daran erinnern, auch auf das Fleisch der Brüder und Schwestern zu verzichten, das heißt, einmal nicht über sie zu reden.

Birkenkränze winden

Die starken Frühlingswinde, die im März oft die Bäume durchschütteln, schenken uns das Ausgangsmaterial für kleine Birkenkränze, die in ihrer natürlichen Schlichtheit gut zur beginnenden Fastenzeit passen.
Wir sammeln bei einem Spaziergang frisches, biegsames Birkenreisig in möglichst langen Zweigen vom Boden auf. Vielleicht finden wir auch noch ein paar andere Zweige, die schon etwas grün zeigen, mit denen wir das Kränzchen verzieren können. Mehr brauchen wir nicht. Weil das frische Birkenreisig sehr flexibel ist, kommen wir ganz ohne Draht und Rohling aus.

Zunächst formen wir die Zweige zu einem Kreis, indem wir die Enden miteinander verdrehen. Die kleinen Zweige, die abstehen, drehen wir von außen nach innen um den Kranz. Es macht aber nichts, wenn einige Ästchen weiterhin abstehen. Wer mag, kann noch ein paar andere Zweige mit Knospen oder kleinen Blättchen hineinstecken. Schon ist das Kränzchen fertig. Je nach Größe kann eine dicke Kerze in die Mitte gestellt werden oder man schmückt es mit einem farbigen Band und hängt es auf.

DER FRÜHLING

Von der Lebenszeit her ist der Frühling ein Bild für die Kindheit und Jugend. Neues Leben blüht auf und entfaltet sich. Von der inneren Qualität her meint der Frühling das Aufblühen in uns. Wir sagen von einem Menschen, der auf einmal aufblüht: Er erlebt einen zweiten Frühling. In diesem Menschen war vielleicht lange etwas verkrustet, doch jetzt ist es aufgebrochen, und neue Lebendigkeit erfüllt ihn. Im Frühling fühlen wir uns verjüngt, da spüren wir frisches Leben in uns. Nach dem Winter freut sich der Mensch auf den Frühling, auf die Schneeglöckchen als die ersten Frühlingsboten.

Das Kirchenjahr feiert im Frühling typische Feste, die das Aussäen, Aufblühen und Aufbrechen beinhalten. Was die Natur uns darbietet, das feiert die Liturgie in einem Fest. Das Fest bezieht sich dann auf die Geschichte Jesu, aber zugleich auf die Natur. In der Natur können wir das Geheimnis Jesu erkennen, der sein Wort als Samen in uns aussät und der in seiner Auferstehung alles Verkrustete und Verhärtete in uns aufbricht. Die Dichter haben gerne den in uns ein neues Lebensgefühl erzeugenden Frühling besungen, das Frühlingsgefühl hat sie immer wieder angeregt, über das Geheimnis dieser Jahreszeit zu schreiben. Ich möchte nur zwei Zeilen von Clemens Brentano zitieren:

»Frühling soll mit süßen Blicken
Mich entzücken und berücken.«

Vor allem war es der Wonnemonat Mai, der seit jeher die Dichter bewogen hat, das Glücksgefühl zu besingen, das in uns auftaucht, wenn wir die zu diesem Zeitpunkt aufblühende Natur betrachten. Johann Wolfgang von Goethe schrieb in seinem »Mailied« eben davon:

»Wie herrlich leuchtet
Mir die Natur!
Wie glänzt die Sonne!
Wie lacht die Flur!

Es dringen Blüten
Aus jedem Zweig
Und tausend Stimmen
Aus dem Gesträuch

Und Freud und Wonne
Aus jeder Brust.
O Erd, o Sonne!
O Glück, o Lust!

O Lieb, o Liebe!
So golden schön,
Wie Morgenwolken
Auf jenen Höhn!

Du segnest herrlich
Das frische Feld,
Im Blütendampfe
Die volle Welt.«

Das erste Grün

Text und Musik: Ruth Weisel | Rechte bei der Autorin

Die Gartenzeit beginnt

»Gertraud ist die erste Gärtnerin«, sagt ein altes Sprichwort. Gemeint ist Gertrud von Nivelles, eine Nonne aus Belgien (Nivelles liegt südlich von Brüssel), die im siebten Jahrhundert lebte. Als junges Mädchen lehnte sie eine standesgemäße Hochzeit ab und trat stattdessen in das Kloster in Nivelles ein, das ihre Mutter gegründet hatte. 652 wurde sie zur Äbtissin gewählt. Sie war offensichtlich klug und gebildet und legte Wert auf die Bildung der Schwestern. Ihr Kloster besaß eine Bibliothek, und immer wieder lud sie Mönche aus Irland ein, damit diese den Schwestern die Heilige Schrift auslegten. Sie wurde nur dreißig Jahre alt. Ihr Todestag ist der 17. März 659.

Traditionell leitet ihr Gedenktag das Gartenjahr ein. Wer einen Garten hat, sehnt die Zeit herbei, wenn die Finger wieder in der Erde wühlen dürfen. Aber auch kleine und große Balkongärtner*innen können jetzt beginnen, ihre Samen auszusäen.

Kresse säen

Um mit Kindern das Wunder des Säens und Keimens zu beobachten, eignet sich natürlich Kresse am besten. Sie keimt schnell und unkompliziert. Jeden Tag kann man Fortschritte beobachten. Es ist faszinierend zu sehen, wie sich die Samenkörner verändern und schließlich ein Keimling aus der Schale wächst.

Man braucht dafür einfach ein Tütchen Kressesamen, etwas Erde und ein flaches Gefäß (Tonuntersetzer zum Beispiel eigenen sich prima). Die Erde im Gefäß verteilen, die Samen dicht aussäen und leicht angießen (das geht auch gut mit einer Sprühflasche). Und dann heißt es: warten. Und nicht vergessen: Das Gras wächst nicht schneller, wenn man daran zieht, sagt ein chinesisches Sprichwort. Das gilt auch für Kresse!

Wer hübsche, alte Tassen und Schälchen übrig hat, kann sich darin kleine Kressegärtchen anlegen.

Tomaten ziehen

Mit etwas älteren Kindern ist es ein spannendes Projekt, eigene Tomatenpflanzen zu ziehen. Cocktailtomaten eignen sich gut dafür, gerade auch für den Balkongarten. Wir verwenden nach Möglichkeit samenfeste Sorten, sodass wir im Spätsommer wieder eigenes Saatgut aus ihnen gewinnen können.

Man braucht natürlich mehr Geduld als bei der Kresse, aber die Mühe wird mit etwas Glück spätestens bei der Ernte von süßen, saftigen Tomaten belohnt. Das Gefühl, Tomaten vom Strauch zu pflücken, die im eigenen Garten oder auf dem Balkon aus einem kleinen Samenkorn gewachsen sind, ist einfach großartig. Kinder platzen vor Stolz, wenn sie den ganzen Prozess miterlebt und bei allen Schritten mitgeholfen haben. Im Internet finden sich ausführliche Beschreibungen der einzelnen Schritte (zum Beispiel bei www.wurzelwerk.net »Tomaten ziehen« in das Suchfeld eingeben). Möglicherweise klingt alles erst einmal furchtbar kompliziert – aber das ist es nicht!

Gebet einer Gärtnerin

Gott, du unendliche Kraft, die alles ins Leben liebt,
vergiss auch meine Aussaat nicht.
Schenke Wasser und Wärme,
damit Samen keimen und Wurzeln treiben können,
damit das Grün sprießt
und erzählt von deiner Lebenskraft.

Gott, du über alles Geduldige,
bremse meine Ungeduld.
Schenke mir eine ruhige Hand,
damit ich allem Zeit und Platz zum Wachsen lasse,
Kohlrabi, Möhren, Kräuter,
und auch manchem, was wir Unkraut nennen,
und mein Garten erzählt von deiner Langmut
mit allem, was lebt.

Gott, du Barmherzige,
zügle meinen Zorn.
Schenke mir Gelassenheit
auch den Schnecken und Blattläusen gegenüber,
damit ich nicht nur den Verlust,
sondern auch die Fülle sehe,
und irgendwann mein Ernteglück
erzählt vom Reichtum des Lebens.

ANDREA LANGENBACHER

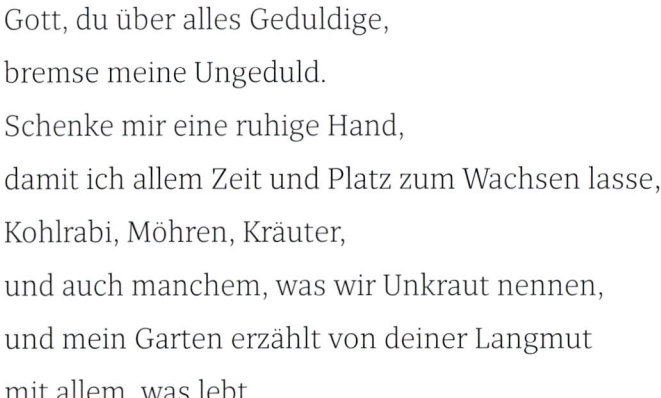

Mariä Verkündigung –
Die Saat aussäen

Die Kirche feiert am 25. März das Fest Mariä Verkündigung, neun Monate vor der Geburt Jesu. Sie hat damit ein altes römisches Aussaatfest verdrängt, hat die Gedanken, die die Römer mit ihrem Fest verbunden hatten, aufgegriffen und mit christlichen Ideen verwandelt. In Maria sät Gott seinen göttlichen Samen aus, und er geht in ihr auf: Sein Sohn ist die größte Frucht, die Gott uns Menschen schenkt.

Zu den relativ frühen Festen, die wir in der Religionsgeschichte wahrnehmen, zählen Aussaat- oder Erntefeste. Aussaat und Ernte prägen das Bewusstsein unserer Urahnen, hing davon doch ihr Wohlergehen ab. Beides waren auch Bilder für ihr eigenes Leben. Das Leben besteht darin, etwas auszusäen und zu ernten. Wer nicht aussät, wird auch nichts ernten. Säen heißt: etwas auswerfen, Samen ausbringen in die Erde. Ohne Samen kann nichts heranwachsen. Es braucht eine Anstrengung des Menschen, damit er ernten kann. Das ist zugleich ein Bild für die Entwicklung des Menschen, denn ohne Anstrengung wird der Mensch nicht Mensch. Wer nur daheim bleibt, ohne auszusäen, der wird auch in seiner persönlichen Entfaltung keine reiche Ernte einbringen. Aussäen bedeutet, sein Herz an etwas zu hängen, sich mit ganzem Herzen für etwas zu engagieren. Dann bekommen wir auch etwas zurück, dann werden wir auch reichlich ernten. Wir werden unser Leben dankbar genießen.

Das Fest Mariä Verkündigung greift die alten Sehnsüchte, die die Menschen mit dem Thema Aussaat verbunden haben, auf und hebt sie auf die spirituelle Ebene. Letztlich sät Gott selbst seinen Samen in uns aus, aber das verlangt auch, dass wir in unserem Leben etwas aussäen, dass wir unser Herz an Gott und an die Menschen hingeben, dass wir uns wie Maria für Gott und seinen Auftrag zur Verfügung stellen: »Ich bin die Magd des Herrn; mir geschehe, wie du es gesagt hast« (Lk 1,38). Das ist auch unsere Aufgabe, uns wie Maria Gott hinzuhalten, damit sein Wort auch in uns Fleisch annehmen kann. Die Haltung, die von uns gefordert wird, ist der Glaube. Maria ist für den Evangelisten Lukas Vorbild unseres Glaubens, sie lässt sich auf Gott ein, ohne zu wissen, was das für Konsequenzen haben wird.

Jesus selbst hat ein Gleichnis vom Sämann erzählt. Da geht es auch um Aussäen und Fruchtbringen. Wie im Falle Marias soll unser Acker hundertfache Frucht bringen, aber oft – so drückt es Jesus aus – fällt der Same bei uns auf den Weg und wir trampeln über ihn hinweg durch unseren Aktionismus. Oder er fällt auf felsigen Boden. Wir lassen uns vom Wort Jesu begeistern, aber es kann in uns keine Wurzeln schlagen. Oder aber er fällt unter die Dornen: Die Sorgen ersticken den Samen oder die Verletzungen lassen ihn nicht aufkeimen. Jesus selbst deutet den guten Boden so: »Auf guten Boden ist das Wort bei denen gesät, die es hören und aufnehmen und Frucht bringen, dreißigfach, ja sechzigfach und hundertfach« (Mk 4,20). Das Fest Mariä Verkündigung will unsere Hoffnung stärken, dass auch in uns das Wort Gottes hunderfache Frucht bringt und zum Segen wird für die Menschen in unserem Umfeld.

Ritual

In katholischen Gegenden wird täglich dreimal zum »Engel des Herrn«, zum »Angelus«, wie es auch heißt, geläutet. Dreimal täglich, am Morgen, am Mittag und am Abend gedenkt man der Menschwerdung Gottes in Maria und man betet dazu: »Der Engel des Herrn brachte Maria die Botschaft. Und sie empfing vom Heiligen Geist. Maria sprach: Siehe, ich bin die Magd des Herrn. Mir geschehe nach deinem Wort. Und das Wort ist Fleisch geworden und hat unter uns gewohnt.« Höre an diesem Fest – und vielleicht in der kommenden Woche – einmal bewusst auf das Angelus-Läuten, das von den Kirchen in deiner Umgebung ausgeht. Halte kurz inne. Du kannst die Worte beten oder einfach in dich hineinhören und dir vorstellen: Zu mir spricht der Engel Gottes heute ein Wort, das in mir Fleisch annehmen will, das meinen Tag heute prägen möchte. Welches Wort möchte ich heute mit mir tragen, damit es meinen Tag verwandelt?

Palmsonntag und die Karwoche

Mit dem Palmsonntag beginnt die heilige Woche mit ihrem Höhepunkt: dem Osterfest. Der Palmsonntag zeichnet sich aus durch die Palmprozession. Die Gläubigen bringen Palmzweige mit, manche verbinden sie mit grünen Zweigen und ersten Blüten, sodass sie kunstvolle Sträuße mit in die Kirche bringen. Es ist gleichsam schon ein erster Frühlingsgruß. Der Priester segnet die Palmzweige. In der Antike waren sie immer ein Sinnbild für Sieg, Freude und Frieden, heute sind sie samt den grünen Zweigen für uns Zeichen des Lebens und des Sieges, den Jesus Christus in seinem Tod und seiner Auferstehung über alle destruktiven Mächte dieser Welt errungen hat. Die Christen besingen bei der Palmprozession Christus, der einzieht in seine heilige Stadt: Zu Beginn seines Leidens wird schon sein Sieg gefeiert. Darüber hinaus wird deutlich, dass das Ziel seiner Passion und seiner Auferstehung der Friede ist, der dann im Osterfrieden seinen stärksten Ausdruck findet.

Die Palmprozession ist nicht nur eine historische Erinnerung an den Einzug Jesu in Jerusalem, sie ist vielmehr auch eine Einübung in das Vertrauen, dass am Ende unseres eigenen Passionsweges der Sieg und der Friede stehen werden. Im Gottesdienst wird immer die Passionsgeschichte Jesu vorgelesen, und wir hören sie dann vor dem Hintergrund der feierlichen Palmprozession. Wir hören sie mit dem Bewusstsein, dass ganz gleich, was uns an Leid erwartet, am Ende die Auferstehung steht und dass wir als königliche Menschen den Weg des Leidens gehen, so wie Jesus als der Friedenskönig in Jerusalem einzieht.

Ostereier färben und verzieren

Das Ei ist Teil vieler Schöpfungsmythen, in denen es als Ursprung der Welt und der Menschheit angenommen wurde – kein Wunder, gilt es doch in den antiken Kulturen als Symbol für Fruchtbarkeit und Wiedergeburt. Kunstvoll verzierte oder farbenfrohe Ostereier gehören auch zum christlichen Osterfest. Im christlichen Deutungsrahmen erinnert das Küken, das die Schale durchbricht, an Jesus, der lebend aus dem Felsengrab herauskam. Die Ostereier sind somit ein wichtiges Symbol für die Auferstehung. Färbt und verziert man Ostereier zusammen mit Kindern, schraubt man die Erwartungen am besten erst einmal nach unten. Künstlerischer Anspruch ist hier fehl am Platz! Aber mit einer einfachen Methode werden alle ihren Spaß haben.

Ostereier natürlich färben

Mit Färbemitteln aus der Natur und etwas Geduld haben wir schon schöne Ergebnisse erzielt. Die Farben sind natürlich nicht ganz so strahlend wie mit einem herkömmlichen Färbebad, dafür aber ganz ohne Chemie!

So geht's:
- 250 Gramm Rotkraut, Rote Beete oder Zwiebelschalen (Kinder können gut mithelfen, das Gemüse zu zerkleinern) in je einem Liter Wasser 45 Minuten köcheln lassen. Ebenso mit 2 Teelöffeln Kurkumapulver verfahren.
- Wer mag, kann den fertigen Rotkrautsud teilen und in eine Hälfte einen guten Schuss Essig geben, das variiert das Färbeergebnis. Die gekochten Eier mit Essig abreiben, in den erkalteten Sud legen und über Nacht stehen lassen.

Weil das Ergebnis bei natürlichen Färbemitteln nicht standardisiert ist, ist die Überraschung am nächsten Morgen besonders groß!

Line-Art-Ostereier

Wenn uns die Ostereierfärbeaktion zu aufwändig ist, kochen wir einfach braune Eier und verzieren sie nach dem Erkalten mit einem weißen Lack- oder Kreidestift. Pünktchen, Kringel, Linien ... schon einfache Muster machen sich gut. Und auch kleinere Kinder können sich daran beteiligen. Wer eine ruhige Hand hat, kann individuelle Botschaften oder Wünsche auf die Ostereier schreiben.

Eier bemalen für den Osterstrauß

Auch wenn das Auspusten der Eier immer ein bisschen mühsam ist: Ein schöner Strauß mit Zweigen und bunt bemalten Eiern gehört für uns doch irgendwie dazu. Wenn man nicht alle Eier auf einmal auspustet, sondern über mehrere Tage verteilt, dann ist es auch nur halb so schlimm! Wichtig ist, die ausgepusteten Eier gut auszuspülen, damit innen kein Rest bleibt, der dann anfängt zu stinken.

Es gibt natürlich viele kunstvolle Möglichkeiten, die Eier zu bemalen. Wichtiger als perfekte Ergebnisse ist uns der Spaß – und vor allem, dass auch kleine Kinder mitmachen können.

Dafür hat sich für uns folgende Vorgehensweise bewährt:
- Die ausgepusteten Eier werden auf Schaschlikspieße aus Metall (Stricknadeln eignen sich auch) gesteckt und mit Kreppband fixiert, sodass sie nicht verrutschen. Die Kinder können so mit einer Hand den Spieß halten und mit der anderen den Pinsel schwingen.
- Gemalt wird mit Wasserfarben. Wir haben uns darauf verständigt, dass für jedes Ei höchstens zwei Farben verwendet werden. So bleiben alle Farben klar erkennbar und es entsteht keine »braune Soße«.
- Wir haben die Eier vor dem Bemalen mit Klebepunkten versehen, die nach dem Trocknen wieder entfernt werden. So können interessante Muster entstehen, auch wenn die Kinder einfach drauflos malen.

Wenn die Farbe trocken ist, werden mithilfe eines halben Streichholzes die Fäden befestigt (Faden um das Streichholz binden, in die Öffnung stecken, die durch das Auspusten entstanden ist, schon hat man einen Aufhänger) und die Eier können an einen Strauß aus Obstbaumzweigen oder Ähnlichem aufgehängt werden.

Gründonnerstag, Karfreitag und Karsamstag –
Als königliche Menschen den Leidensweg gehen

Mit dem Gründonnerstag beginnt dann das »Triduum sacrum«, beginnen die »heiligen drei Tage«: Gründonnerstag, Karfreitag und Karsamstag. Am Gründonnerstag selbst gedenken wir der Einsetzung der Eucharistie beim letzten Abendmahl. Der Gottesdienst zeichnet sich durch den Ritus der Fußwaschung aus: Der Priester wäscht zwölf Männern und Frauen die Füße, nicht nur in Erinnerung an die Fußwaschung der Jünger durch Jesus, sondern auch als Zeichen für das Geheimnis unseres Christseins. Wie Jesus sich zu unserer verwundbarsten Stelle herabgebeugt und sie gereinigt und geheilt hat, so sollen auch wir einander an unseren wunden Stellen heilsam berühren. Dabei sollen wir uns vorstellen: Alles an mir ist rein. Jesus hat sich in den Staub des Todes begeben, um mich dort zu reinigen, wo ich mir die Füße immer wieder schmutzig mache.

Wir gedenken am Gründonnerstag aber auch der Gefangennahme Jesu, und so werden am Ende des Gottesdienstes die Altäre von allem Schmuck entblößt. Die Gläubigen werden eingeladen, die ganze Nacht mit Jesus zu wachen; die ganze Nacht über ist die Kirche offen. Wer möchte, kann vor dem Tabernakel, in dem das eucharistische Brot aufbewahrt wird, gemeinsam mit Christus für die Menschen beten, die heute gefangen sind, gefoltert oder ungerecht behandelt werden, leiden müssen. Die Nacht des Gründonnerstags ist eine Nacht der Solidarität mit allen Leidenden dieser Welt.

Der Karfreitag ist durch den Gottesdienst am Nachmittag geprägt. Dort wird die Passion nach Johannes gelesen oder vorgesungen. Manche, sei es für sie Alternative oder aber Ergänzung zum Gottesdienst, haben das Bedürfnis, an diesem Tag die Johannes- oder Matthäuspassionen von Johann Sebastian Bach zu hören, die in fast allen Städten aufgeführt werden. Nach der Passion findet dann die Kreuzverehrung statt. Das Kreuz wird in dieser Feier nicht als grausames Todesinstrument verstanden, sondern als Siegeszeichen. Es wird feierlich in die Kirche getragen und enthüllt, und man kniet vor ihm nieder und betet das Geheimnis der Liebe Jesu an, die stärker ist als der Tod. Eine Antiphon besingt das Kreuz mit den Worten: »Siehe, durch das Holz des Kreuzes kam Freude in alle Welt.« Das Kreuz ist ein Siegeszeichen, ein Zeichen der Hoffnung, dass alle menschlichen Kreuze, die heute noch aufgerichtet werden, durch das Kreuz Jesu verwandelt und überwunden werden.

Der Karsamstag ist ein Tag der Ruhe, denn man gedenkt der Grabesruhe Jesu. Jesus ist nicht nur gestorben, sondern auch begraben worden. So lädt uns dieser stille Tag ein, all das zu begraben, was uns am Leben hindert, was wir als Ballast mit uns herumschleppen: vergangene Verletzungen, alte Konflikte, krankmachende Lebensmuster, den Zwang, die Schuld immer bei uns zu suchen, uns ständig zu entwerten usw. Indem wir Altes begraben, wächst in uns die Sehnsucht nach Ostern, die Sehnsucht, mit Christus als neue Menschen aus dem Grab aufzustehen.

Bleibst du bei mir

Text und Musik: Ruth Weisel | Rechte bei der Autorin

Bleibst du bei mir, wenn es mir nicht gut-geht?

Bleibst du bei mir, wenn ich trau-rig bin?

Bleibst du bei mir, wenn al - les still-zu-ste-hen scheint,

wenn mei-ne Fü-ße schwer sind und mein Herz weint?

Ritual

Stelle dich aufrecht hin und strecke die Arme nach rechts und links waagrecht aus. So kannst du dir vorstellen, wie Christus am Kreuz ausgestreckt war. Jesus selbst versteht diese Gebärde als eine Gebärde der Umarmung. Stelle dir vor, dass du in dieser Gebärde die ganze Welt umarmst. Alles, was in der Welt ist, ist auch in dir. Nichts Kosmisches, nichts Menschliches ist dir fremd. Wenn du diese Haltung eine Zeitlang aushältst, wirst du eine innere Weite und Freiheit spüren. Du umarmst alles, was in dir ist, du verlierst die Angst, dass in dir etwas Fremdes und Gefährliches ist. Alles in dir ist von Jesu Liebe umarmt. Du selbst aber umarmst in dieser Gebärde die ganze Welt. Du fühlst dich solidarisch mit allen Menschen. Das Kreuz weitet dich hinein in den Kosmos, aber auch in die Welt der Menschen. Das Kreuz versöhnt dich mit allem, was in dir ist.

Tischgemeinschaft feiern

Am Gründonnerstag laden wir ein paar unserer Lieben zum Essen ein: Menschen, mit denen wir unseren Alltag teilen, die zu unserem Leben gehören, nehmen Platz. Wir essen, wir trinken. Wir feiern unsere Verbundenheit. Wir feiern das Leben, das so schön und so zerbrechlich ist. Wir feiern die Hoffnung.

Als Gericht eignet sich alles, was allen schmeckt und leicht zuzubereiten ist: Ofengemüse, Pasta, Suppe … Wer deutlicher an das gemeinsame Mahl Jesu mit den Jüngern anknüpfen will, backt oder kauft leckeres Brot und stellt es in den Mittelpunkt der Mahlzeit. Dazu Butter, Kresse, kleingehackte Kräuter, etwas Käse und ein paar Aufstriche … einfach und lecker.

»Wir müssen zusammenhalten und uns gegenseitig helfen, die Schönheit am Leben zu erhalten. Wir müssen das Gegengift sein zu all dem Mist, der sonst passiert.«

Charlie Haden

Karfreitag

ganz zu Grunde gehen
bis in die tiefste Tiefe
bis in die finstersten Abgründe
des Lebens
des Sterbens
des Todes
mitten im Schmerz
in einsamster Angst
lauschen der Leere
die Fülle ist
aushalten tiefste Nachttiefe
Seelenfühler tastend ausstrecken
zerbrochen Einheit erahnen
heil werden an ihr
Wunden vernarben lassen
Einen neuen Anstieg wagen
geht nur von Grund auf –
der Weg nach Ostern
führt durch die Schlucht
Jenseits der Talsohle
den Berg erklimmen
lichte Gipfel finden
Teilung überwinden
ist Auferstehen zum Leben

MARIA SASSIN

Ostern einziehen lassen

Die Kränze aus Birkenzweigen, die wir in der Fastenzeit gewunden haben (siehe S. 94/95), verzieren wir jetzt österlich. Dafür eignen sich kleine bunte Eier, Blütenzweige, Federn und was uns sonst noch in die Hände fällt.

Ostern –
Der Sieg des Lebens

An Ostern feiern wir den Sieg des Lebens über den Tod. Das, was wir in der Natur beobachten, findet seine Erfüllung in der Auferstehung Jesu. Dort wird alles Erstarrte und Tote aufgebrochen, und das göttliche Leben überwindet den Tod. Die Ostersonne geht auf und vertreibt alle Dunkelheit in der Welt, aber auch in unseren Herzen. Wir feiern die Auferstehung Jesu Christi und gedenken unserer eigenen Auferstehung. Ich möchte nur einige heilende Bilder der Auferstehung betrachten.

Zunächst meint Auferstehung, dass wir hier und jetzt aufstehen aus dem Grab unseres Selbstmitleids, unserer Resignation und aus dem Grab unserer Zuschauerrolle. Heute scheuen Menschen immer wieder die Verantwortung für ihr Leben. Auferstehung heißt, dass wir aufstehen und aufrecht durch das Leben gehen, dass wir alle Fesseln ablegen, die uns am Leben hindern. Der Evangelist Matthäus erzählt uns, dass ein Engel den Stein vor dem Grab Jesu weggewälzt hat (vgl. Mt 28,2). Oft genug fühlen wir uns wie durch einen Stein blockiert. Wir haben Hemmungen, auf einen anderen zuzugehen, oder eine Blockade hemmt uns, die Prüfung zu bestehen oder eine Aufgabe anzupacken. Auferstehung meint, dass Gott uns von den inneren und äußeren Blockaden befreit, damit wir aufstehen können zum Leben.

Die Auferstehung hier und jetzt meint auch Paulus, wenn er im Römerbrief schreibt: »Wisst ihr denn nicht, dass wir alle, die wir auf Christus Jesus getauft wurden, auf seinen Tod getauft worden sind? Wir wurden mit ihm begraben durch die Taufe auf den Tod; und wie Christus durch die Herrlichkeit des Vaters von den Toten auferweckt wurde, so sollen auch wir als neue Menschen leben« (Röm 6,3f). Im Griechischen heißt es hier am Ende eigentlich: in der Neuheit

Was für ein Morgen!

Text und Musik: Ruth Weisel | Rechte bei der Autorin

des Lebens leben. Auferstehung meint also eine neue Existenz, die alte Identität ist gestorben. Paulus drückt mit diesen Worten aus, dass wir die alte Existenz abgelegt haben, wir werden nicht mehr bestimmt von der Welt, von Erfolg oder Misserfolg, von Anerkennung oder Ablehnung. Es gibt in uns etwas, das jenseits dieser irdischen Bestimmungen liegt. Das ist die innere Freiheit und Neuheit, die wir in Christus und seiner Auferstehung erhalten haben.

Paulus spricht hier sowohl von Auferstehung als auch von Auferweckung; Gott hat Jesus von den Toten auferweckt. Auferweckt zu werden, ist auch eine wesentliche Bedingung erfüllten Menschseins. Oft genug leben wir in einem Schlafzustand. Wir haben uns Illusionen über uns und unser Leben zurechtgelegt, aber wir leben nicht wirklich. Auferweckung heißt dann, dass Gott uns die Augen öffnet, damit wir aufwachen zur Wirklichkeit. Genau das – so meint der indische Jesuit Anthony de Mello – bedeutet auch Mystik: Aufwachen zur Wirklichkeit, die Wirklichkeit so sehen, wie sie tatsächlich ist. Daher sind im Mittelalter die Christen am Ostermorgen zu Quellen gegangen und haben sich die Augen ausgewaschen, damit sie mit »Osteraugen« in die Welt sehen. Dann erkennen sie überall das Geheimnis der Auferstehung: In der Natur bricht und blüht neues Leben auf, das Erstarrte beginnt sich zu regen. Wir sehen die Natur mit neuen Augen, aber wir sehen ebenfalls auf uns selbst mit Augen der Auferstehung, damit wir in uns das neue Leben wahrnehmen. Auch auf die Menschen in unserer Umgebung schauen wir mit neuen Augen. Wir erkennen nicht nur das, was wir bisher immer gesehen haben: ihre Rolle, ihre Maske, ihr Verhalten, sondern wir sehen in ihnen das neue Leben, das aufblühen möchte. Der Epheserbrief zitiert ein altes liturgisches Osterlied, wenn er uns aufruft: »Wach auf, du Schläfer, und steh auf von den Toten, und Christus wird dein Licht sein« (Eph 5,14). Darin sind drei wichtige Bilder von Auferstehung angesprochen: Das Bild des Aufwachens, des Aufstehens und des Lichtes, das uns erleuchtet.

Ostern wird ja in der Nacht gefeiert, und ein wichtiger Ritus ist die Segnung und das Entzünden der Osterkerze. Die brennende Osterkerze wird in die dunkle Kirche getragen und das Licht Christi besungen. Das Licht der Auferstehung soll alles Dunkle aus uns vertreiben, soll in die Tiefen unseres Unbewussten

eindringen und alle Schattenseiten in uns ausleuchten. Die Ostkirche hat das so ausgedrückt, dass der Auferstandene ins Totenreich hinabgestiegen ist, um in die dortige Dunkelheit das Licht der Auferstehung zu bringen und dann die Toten an die Hand zu nehmen und sie ans Licht zu führen.

Wir feiern an Ostern aber auch die Auferstehung, die uns im Tod erwartet. Christus ist der Erstling der Auferstandenen und im Blick auf ihn dürfen wir auf die eigene Auferstehung hoffen. Wir werden im Tod nicht in das Dunkel hineinsterben, sondern gemeinsam mit ihm auferstehen. Im 1. Korintherbrief hat Paulus diesen Aspekt der Auferstehung betont. Für ihn hängt daran das Wesen unseres christlichen Glaubens: »Wenn wir unsere Hoffnung nur in diesem Leben auf Christus gesetzt haben, sind wir erbärmlicher daran als alle anderen Menschen« (1 Kor 15,19). So stärkt die Auferstehung Jesu also unseren Glauben, dass auch wir auferstehen werden. Die Hoffnung darauf ist nicht – wie man den Christen seit der Aufklärungszeit vorgeworfen hat – eine Vertröstung auf das Jenseits, vielmehr schenkt uns der Glaube an die Auferstehung im Tod das Vertrauen, hier und jetzt unser Leben zu leben und uns für eine menschlichere Welt einzusetzen. Zugleich aber lässt uns die Erwartung der eigenen Auferstehung bei allem Einsatz für die Welt gelassen leben. Wir wissen, dass diese Welt nur vorläufig ist, nicht das Letzte. C. G. Jung meint: Ab der Lebensmitte bleibt nur der lebendig, der zu sterben bereit ist. Nur der aber ist zu sterben bereit, der im Tod nicht das Ende, sondern die Vollendung sieht. Heute argumentieren viele Menschen mit rationalen Gründen gegen eine Auferstehung im Tod. Doch Jung meint, das Rationalisieren gegenüber der Weisheit der Seele, die um ein Leben nach dem Tod weiß, würde uns nur rastlos und ruhelos und neurotisch machen. Hin und wieder hat man den Eindruck, manche müssen so fest gegen die Auferstehung argumentieren, weil sie tief in ihrer Seele um das Geheimnis der Auferstehung wissen. Dieses ständige Angehen und Argumentieren macht sie allerdings ruhelos und raubt ihnen den inneren Frieden. Frieden findet der Mensch hier auf Erden nur, wenn er über diese Welt hinausgeht und im Tod die Auferstehung erwartet, die Auferstehung in die Vollendung des Lebens und der Liebe.

Ritual

In der Tradition gibt es das Ritual des Osterspaziergangs. So lade ich dich ein, am Ostersonntag oder Ostermontag einen längeren Osterspaziergang zu machen. Gehe bewusst durch die Natur. Bleibe immer wieder stehen und schaue die Wiesen an und betrachte das frische Grün, das auch deine Seele erfrischen möchte. Welche Blumen sind schon aufgeblüht? Sieh dir die Bäume an: Welche Bäume grünen schon und bei welchen Bäumen meldet sich das neue Leben erst in den Knospen? Traue dem Leben, das in der Natur aufblüht, und erkenne darin ein Symbol für das göttliche Leben, das in Jesus in der Auferstehung auferstanden ist und das jetzt auch in dir aufstehen möchte.

Gleich und doch verwandelt

Taugt der Schmetterling als Symbol für die Auferstehung? Nein, sagen manche, denn die Raupe stirbt nicht, sondern verwandelt sich nur. Doch wer weiß schon, ob nicht auch der Tod lediglich eine Verwandlung unserer Seinsweise ist? Aber selbst wenn der Verwandlungsprozess der Raupe zum Schmetterling streng theologisch nicht als Auferstehungssymbol taugt, ist er nicht ohne Grund ein uraltes Symbol dafür: Wie die Raupe nach der Zeit der Verpuppung als Schmetterling davonflattert, wird nach österlichem Glauben auch der Mensch in verwandelter Gestalt in neuer Freiheit auferstehen.

Für Kinder ist es wahnsinnig spannend zu beobachten, wie aus einer unscheinbaren Raupe ein bunter Schmetterling wird. Dies zu verfolgen, ist zwar in der Natur kaum möglich, aber es gibt sogenannte Schmetterlings-Zucht-Sets, mit denen man diese Entwicklung hautnah verfolgen kann. Im Shop des BUND zum Beispiel kann man ein solches Set kaufen (www.bundladen.de).

Ostern

Seltsames Fest – Ostern: erst dieses grauslige Sterben und dann das wundersame Auferstehen von den Toten. Schwer zu glauben … Neulich fiel mir der Text von Marie-Luise Kaschnitz in die Hand: »Manchmal stehen wir auf, stehen wir zur Auferstehung auf, mitten am Tag«. Und plötzlich sehe ich die vielen kleinen Alltagsauferstehungen: Die ständigen Rückenschmerzen, die an einem Morgen einfach nicht mehr da sind. Das Gespräch mit der Freundin, nach Jahren endlich die Aussprache und ein neuer Anfang. Der Mut, zu kündigen und den neuen Job zu wagen. Die Kraft, die nach der Kündigung endlich zurückkehrt und an eine neue, andere Zukunft glauben lässt. Die Entscheidung, getrennte Wege zu gehen, um sich selbst treu zu bleiben. Ostern – der Mut, das eigene Kreuz abzulegen und sich wieder aufzurichten.

MARLENE FRITSCH

Osterzeit –
Das Leben setzt sich durch

Die Kirche feiert nicht nur Ostern selbst, sondern eine fünfzigtägige Osterzeit. Auch bei ihr handelt es sich um eine therapeutische Zeit, ähnlich wie im Fall der Adventszeit und der Fastenzeit. Man könnte sagen, in der Osterzeit gehe es um die Durchsetzung des Lebens in uns. Es geht darum, das Leben, das über den Tod gesiegt hat, in uns immer mehr aufblühen und alles Erstarrte in uns aufbrechen zu lassen. In der Osterzeit werden an Werktagen Lesungen aus der Apostelgeschichte vorgetragen, und die Lesungen aus den Evangelien sind von Johannes dominiert. Für mich verkünden Lukas und Johannes zwei verschiedene Formen von Auferstehungstheologie, doch beide führen uns Bilder vor Augen, die uns das Geheimnis der Auferstehung nahebringen möchten.

In der Apostelgeschichte erzählt uns Lukas in wunderbaren Geschichten, wie sich die Auferstehung Jesu fortsetzt. Sie setzt sich fort, indem die Jünger gestärkt durch den Geist den Mut finden, aus dem Haus, in dem sie hinter verschlossenen Türen saßen, auszubrechen und zu den Menschen, die durch das Stürmen des Pfingstgeistes zusammengekommen waren, zu sprechen, was ihnen eingegeben war. Auferstehung heißt in der Apostelgeschichte immer wieder: aufbrechen, auf die Menschen zugehen. Auferstehung heißt aber auch, dass unsere Enge aufgebrochen wird. Dreimal werden die Apostel von einem Engel aus dem Gefängnis befreit. Bei Petrus fallen die Ketten von seinen Händen (vgl. Apg 12,7). Bei Paulus beginnt um Mitternacht ein Erdbeben und die Türen springen auf und die Fesseln fallen ab. Da geschieht Auferstehung mitten in bedrängten Situationen. Auferstehung geschieht auch, als die Christen verfolgt und in die Gegend von Samaria zerstreut wurden. Was von den Menschen her ein Unheil war, hat Gott in Heil verwandelt, indem er die Verfolgung dazu genutzt hat, die Botschaft Jesu in aller Welt verkünden zu lassen. Auferstehung geschieht, als Petrus aufgrund eines Traumes den Weg über die Grenzen des jüdischen Gesetzes hinweg zu den Heiden wagte und den römischen Hauptmann

Kornelius taufte. Und Auferstehung geschah, als Saulus, der größte Verfolger der Christen, dem Auferstandenen begegnete, durch diese Begegnung zunächst zu Boden stürzte und dann als Verwandelter wieder aufstand. Auferstehung geschieht für Lukas hier und jetzt in unserem Leben immer dort, wo alte und enge Strukturen aufgebrochen werden und neues Leben aufblüht.

Johannes hat eine andere Sicht von Auferstehung. Auferstehung heißt für ihn: von Neuem geboren werden, aus dem Geist geboren werden, wie Jesus das im Gespräch mit Nikodemus erklärt (vgl. Joh 3,3–8). Auferstehung heißt weiter, dass wir die Worte Jesu auf neue Weise verstehen. Wenn wir die Worte verstehen, die er als der Auferstandene und jetzt bei Gott Erhöhte im Johannesevangelium zu uns spricht, dann sind wir bereits heute »aus dem

Tod ins Leben hinübergegangen« (Joh 5,24). Glauben wir seinen Worten, so haben wir jetzt schon das ewige Leben in uns, ein Leben, das auch durch den Tod nicht zerstört werden kann. Dass Auferstehung für uns jetzt schon in der Begegnung mit Christus geschieht, erklärt Jesus der Marta, der Schwester des Lazarus: »Ich bin die Auferstehung und das Leben. Wer an mich glaubt, wird leben, auch wenn er stirbt, und jeder, der lebt und an mich glaubt, wird auf ewig nicht sterben« (Joh 11,25f). Der Tod kann uns nicht aus der Gemeinschaft mit Jesus herausreißen, wir werden mit Jesus leben, auch wenn wir körperlich sterben. In uns ist bereits jetzt etwas, das durch den Tod nicht vernichtet werden kann.

In seinen Abschiedsreden erklärt uns Jesus noch einen anderen Aspekt der Auferstehung. In ihr geht er zum Vater, um uns eine Wohnung zu bereiten, aber Auferstehung heißt zugleich, dass er vom Vater zu uns kommt, »… komme ich wieder und werde euch zu mir holen, damit auch ihr dort seid, wo ich bin« (Joh 14,3). Dieses Wiederkommen geschieht nicht erst in unserem Tod, sondern schon hier und jetzt. Im Griechischen könnte man das »zu mir holen« auch übersetzen mit: »umarmen, an mich ziehen«. Jesus, der Auferstandene kommt immer wieder zu uns, um uns zu umarmen mit seiner Liebe. Dann sind wir dort, wo er ist, dann haben wir jetzt schon teil an seiner Auferstehung. Zuerst aber müssen wir wie Maria von Magdala Jesus loslassen; wir können ihn nicht festhalten: »Halte mich nicht fest; denn ich bin noch nicht zum Vater hinaufgegangen« (Joh 20,17). Auferstehung bedeutet, dass wir den Jesus, den die Jünger leibhaft erlebt haben, erst einmal loslassen müssen, damit er zum Vater geht und daraufhin vom Vater als Verwandelter, als Auferstandener wiederum zu uns kommt. Dann haben wir hier und jetzt schon teil an seiner Auferstehung und diese Teilhabe an seiner Auferstehung wird durch unseren eigenen Tod nicht zerstört, sondern vollendet.

Marienmonat Mai –
Die Schönheit besingen

Der Mai gilt als Marienmonat. Da ist es üblich, in der Maiandacht Maria zu feiern als die schönste Blume, die Gott uns geschenkt hat. Damit hat die Kirche alte Sehnsüchte der Menschen aufgegriffen. Der Mai galt schon immer als der Wonnemonat, in dem der Frühling seine Pracht entfaltet. Die Dichter haben ihn seit jeher gepriesen. So sagt Friedrich von Logau im 17. Jahrhundert:

»Dieser Monat ist ein Kuss, den der Himmel gibt der Erde,
Dass sie jetzund seine Braut, künftig eine Mutter werde.«

In diesem kurzen Vers kommt zum Ausdruck, dass sich im Mai Himmel und Erde auf neue Weise verbinden. Die Erde wird zur Braut des Himmels, damit sie eine Mutter werde. Hier klingt das Geheimnis Mariens an, die ja als Jungfrau von Gott gleichsam zur Braut erkoren wird, um schließlich die Mutter Jesu oder – wie die Kirche seit dem Konzil von Ephesos sagt – die Mutter Gottes zu werden.

In meiner Jugend haben wir die Maiandachten geliebt, die jeden Abend in jenem Monat abgehalten wurden. Heute gibt es ein neues Interesse, solche Maiandachten so zu gestalten, dass sie die Menschen ansprechen. Dabei wird immer öfter die Natur mit einbezogen. Man feiert die Maiandacht nicht in der Kirche, sondern an Marienkapellen oder Mariendarstellungen mitten in der Flur. Die Menschen sehnen sich danach, die alten Marienlieder zu singen, die voller Poesie nicht nur die Schönheit der

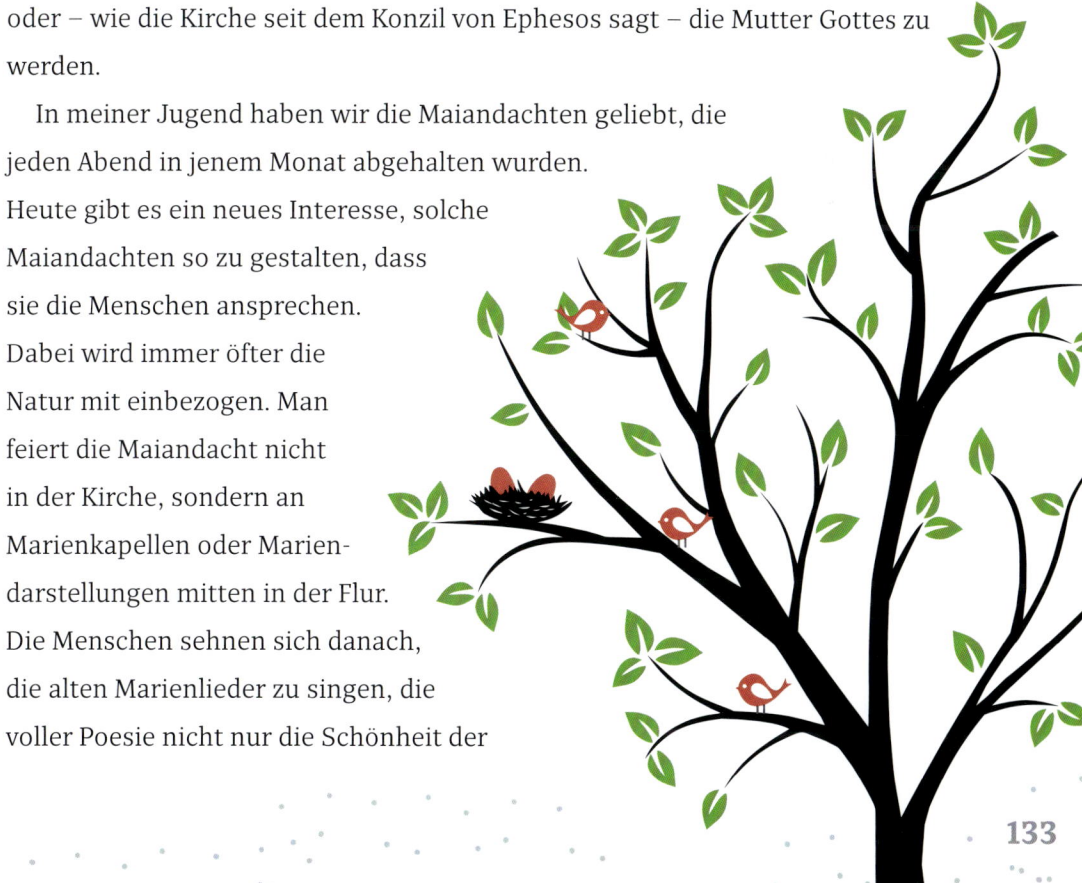

Mutter Gottes beschreiben, sondern letztlich unsere eigene Schönheit. Maria wird in der Tradition immer auch im Zusammenhang mit der Natur gesehen. Wir sprechen von der Mutter Erde, und Maria zeigt uns die Mütterlichkeit der Erde und ihre Schönheit.

Die Schönheit, die wir in vielen Marienstatuen bewundern, strahlt zurück auf die Schönheit der Schöpfung. Gott hat die Welt nicht nur gut, sondern auch schön gemacht. Indem wir die Schönheit Mariens besingen und die Schönheit der Schöpfung bestaunen, kommen wir mit unserer eigenen Schönheit in Berührung. »Schön« kommt von »schauen«. Schauen wir uns selbst liebevoll an, erfahren wir uns als schön, und schauen wir den anderen voll Liebe an, so wird er für uns schön. »Schön« hat zudem auch zu tun mit »schonen«. Indem wir schonend umgehen mit der Schöpfung, erfahren wir ihre Schönheit. Diese zu erfahren und zu genießen, ist immer etwas Heilsames. Schönheit tut uns gut. Martin Walser meinte einmal, wenn wir etwas schön finden, fühlen wir uns nie allein, da fühlen wir uns immer verbunden mit dem Schönen. Der russische Dichter Dostojewski wiederum sagte das berühmte Wort: »Schönheit wird die Welt retten, wird die Welt heilen.« Der Wonnemonat Mai, in dem wir uns an der Schönheit Mariens und an der Schönheit der Schöpfung erfreuen, ist heilsam für uns. In der Schönheit fühlt sich die Seele daheim. Von der Schönheit der Marienbilder können wir uns darüber hinaus auch wieder der manchmal harten Wirklichkeit unserer Welt zuwenden, ohne von ihr beherrscht zu werden. Wir behalten das Schöne in unserem Herzen und fühlen uns in unserem Herzen daheim.

Ritual

Meditiere ein schönes Marienbild. Schau auf die Schönheit des Gesichtes, der Hände, des Leibes, auf die Schönheit der Kleider. Betrachte Maria wie einen Spiegel, in dem du dich selbst siehst, in dem du deine eigene Schönheit erkennst. Wenn du das Gesicht Marias genau anschaust, wirst du nicht nur ihre Schönheit entdecken, sondern auch die Liebe, die aus ihren Augen strömt. Schaue dich selbst mit dieser Liebe an, dann bist du schön. Schaue mit dieser Liebe auch die Menschen in deiner Umgebung an, dann werden sie für dich schön. Nun genieße die Schönheit der Natur. Schaue aus dem Fenster und betrachte von dort, was du jetzt im Mai siehst: Bäume, Blumen, Wiesen.

Begreife Dich als Segnende

Wenn Du arbeitest, begreife Dich als Liebende.

Denn alles, was Du tust, braucht Deine Sorgfalt,

Deine ungeteilte Aufmerksamkeit

und den wohlwollenden Blick, unter dem das Gute sich preisgibt.

Wenn Du arbeitest, begreife Dich als Werdende.

Denn alles, was kommt, fragt Dich nach Deinem Namen,

nach dem Wesen Deines Wollens

und nach Deinem Mut, Dich zu verwandeln.

Wenn Du arbeitest, begreife Dich als Segnende.

Denn alles, was Du gibst, wird sich vermehren,

alles, was Du berührst, wird seufzen

unter dem Versprechen des Aufbruchs, das Du verkörperst.

GIANNINA WEDDE

Für meine Mutter

Manchmal gibt es so viel zu sagen,
dass ich lieber schweige.
Denn wie sagt man alles das,
was jemand einem bedeutet?
Aber weil die Tage
oft so schnell an uns vorbei gehen,
will ich nicht mehr warten,
darum vielleicht lieber heute:

Auch, wenn ich mal nicht da bin
und auch, wenn nicht alles einfach ist,
sollst du einfach wissen,
dass du immer meine Heimat bist.

Ich stehe mit gepackten Koffern
vor dir in der Tür.
Ja, ich habe alles, Fragen, Hoffnung
und ein Bild von dir.
Weggehen, das heißt hin zu etwas
und nicht weg von hier.
Doch warum, wenn sich etwas ändert,
habe ich Angst, was zu verlieren?

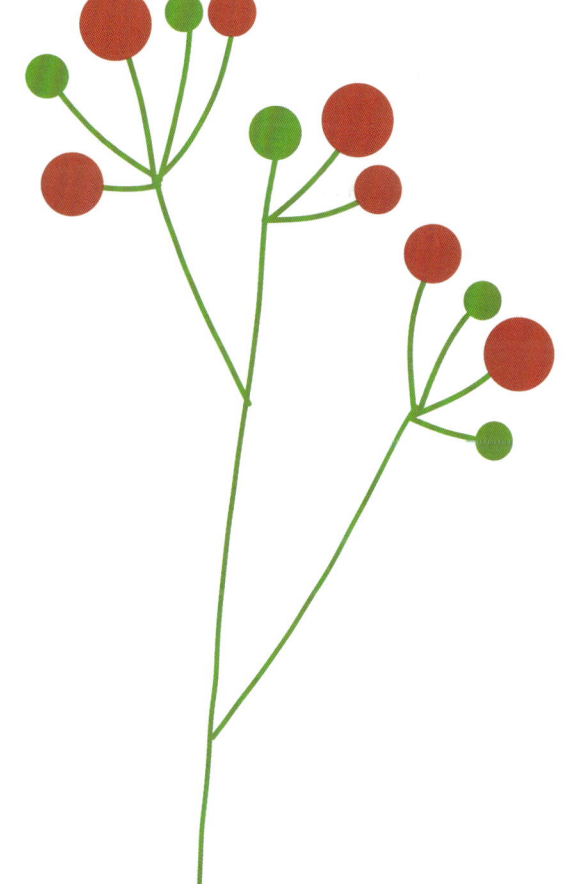

So streift mein Blick ein kleines Stück
durch Roggen, Mohn und Löwenzahn,
ich reise in der Zeit zurück
zum Sommer, als ob es eben war
als ich mit meiner Wange
dir zum Bauchnabel nur reich'
und beim Umarmen fühle,
wie du ausatmest und ein.
Dass ich sorglos, voller Brombeerflecken,
barfuß in der Sonne rennend,
meine Welt entdecke,
zwischen Haus, Garten und Teich.

Ich weiß noch:
Einmal, es ist Frühlingswetter,
landet zwischen Fliederblättern
drüben unterm Waldrandsonnenflutlicht
ein Marienkäfer schüchtern
auf meinem Zeigefinger.
Flüsternd hauch ich: »Bleib für immer«,
denn er ist mein Alter
und er kann Loopings so wie Riesenräder.
Alles, was ich mir gewünscht hab,
ist auf einmal da.
Ich beschließe, mich zu kümmern,
sicher, jeden Tag.
Ich bau ihm ein Glas als Zimmer.

Ich pflücke fleißig Gras zum Füttern,
plan bereits das Überwintern,
als du zu mir sagst:

»Niemandem gehört die Wiese.
Nichts davon ist deins.
Er hat Flügel, um zu fliegen,
also lass ihn frei.«
»Siehst du«, sagt du, »das ist Liebe.
Was du liebst, das lässt du ziehen,
und gehört's zu dir, dann kehrt
es eines Tages heim.«

Mein Blick folgt ihm
zum Horizont und Wiesenende,
während ich ein bisschen ihn vermissend,
noch an Liebe denke.

Einmal, als du eines Abends für mich singst,
merke ich, wie warm das klingt:
Winde wehen, Schiffe gehen, weit ins ferne Land.
Als das Lied zu Ende ist
und du meine Hände nimmst,
wirft die Nachttischlampe bunte Bilder an die Wand:
Sterne und Raketen schweben über die Tapete
werden größer, kleiner, drehen sich,
tauchen auf und wieder ein.
»Siehst du den Planeten?«, fragst du.

»Das ist, wo wir leben,
und genau so fliegen wir zwei grade auch
durch Raum und Zeit.«
Ich träume mit Blick auf Leuchtaufkleber,
unter meiner Decke liegend,
noch, wie wir durch Wolken
bis ins Weltall um die Wette fliegen.

Auch wenn ich mal nicht da bin
und auch wenn nicht alles einfach ist,
sollst du einfach wissen,
dass du immer meine Heimat bist.

Wir sind uns ähnlich, nicht identisch,
unsere Leben unzertrennlich,
sind doch jeweils eigene Menschen,
dabei waren wir mal eins.
Manchmal bringt uns das an Grenzen.
Ich finde, das ist verständlich,
doch ich will dich nie verletzen,
und wenn doch, dann tut es mir leid.
Ich kann dich in mir erkennen,
in der Stimme, meinen Händen
und in allem, was ich denke,
auf diesem Flug durch Raum und Zeit.
Und für all deine Geschenke,
all die Wärme, das Verständnis,
danke ich dir so unendlich –
ich will nur, dass du das weißt.

So kehre ich jetzt zurück zur Tür.
Rieche Roggen, Mohn und Löwenzahn
und fühle noch das Glück in mir,
vom Sommer und wie schön es war.
Hier bei Haus und Teich und Garten
ist nicht alles mehr wie früher,
denn ich gehe dir beim Umarmen
bis zur Wange oder drüber.
Es spiegeln deine Augen
jetzt die Weite und das Licht.
»Hier bin ich zu Hause«,
denke ich leise und mein' dich.

Auch wenn ich mal nicht da bin
und auch wenn nicht alles einfach ist,
sollst du einfach wissen,
dass du immer meine Heimat bist.

Ich gehe mit gepackten Koffern,
du bleibst in der Tür,
ja, ich hab alles, Fragen, Hoffnung
und ein Bild von dir.
Ich geh jetzt hin zu etwas,
deshalb weg von hier,
dass sich etwas ändert,
heißt nicht immer auch verlieren.

Dein Blick folgt mir
zum Horizont und Wiesenende,
während ich ein bisschen dich
vermissend an so vieles denke.
Mein Blick bei dir,
ich trete übers Wiesenende –
es stimmt, du bist der Grund für alles,
was ich über Liebe denke.
JULIA ENGELMANN

Christi Himmelfahrt – Der Himmel ist in dir

Das Fest Christi Himmelfahrt und die Zeit zwischen Christi Himmelfahrt und Pfingsten berühren in uns verschiedene Seiten unserer Seele. Da ist einmal das Bild: Wir folgen Jesus nicht mehr im Äußeren nach. Er ist in den Himmel aufgefahren, damit wir ihn in uns selbst finden als den inneren Begleiter. Damit wir aus seinem Geist heraus leben, schenkt er uns seinen Geist. Es ist wie ein Selbstständigwerden: Der Lehrer verlässt uns, er entlässt uns ins Leben, damit wir uns nun auf die eigenen Füße stellen und aus dem Geist des Meisters heraus unser eigenes Leben leben.

Zum anderen verweist uns die Himmelfahrt Jesu nach oben. Der Kolosserbrief mahnt uns: »Richtet euren Sinn auf das Himmlische und nicht auf das Irdische!« (Kol 3,2). Doch der Blick nach oben ist keine Flucht vor der Realität des Alltags, vielmehr interpretiert der Kolosserbrief ihn so: »Denn ihr seid gestorben, und euer Leben ist mit Christus verborgen in Gott« (Kol 3,3). Der Blick nach oben will uns zeigen, dass unsere alte Identität gestorben ist. Wir sollen uns nicht mehr von Erfolg und Reichtum, von Anerkennung und Ruhm her definieren. Die Himmelfahrt Jesu sagt uns, dass wir eine neue Existenz haben, eine himmlische Existenz. Wir definieren uns von Gott, von seiner Liebe und von dem einmaligen Bild her, das er sich von uns gemacht hat.

Dass der Blick zum Himmel uns nicht von der irdischen Verpflichtung entbindet, zeigt uns Lukas in seiner Beschreibung der Himmelfahrt Jesu. Die Jünger schauen Jesus nach, wie er zum Himmel emporsteigt. Doch zwei Männer in weißen Gewändern sprechen sie an: »Ihr Männer von Galiläa, was steht ihr da und schaut zum Himmel empor? Dieser Jesus, der von euch ging und in den Himmel aufgenommen wurde, wird ebenso wiederkommen, wie ihr ihn habt zum Himmel hingehen sehen« (Apg 1,11). Wir sollen Jesus nicht im Himmel suchen, sondern hier auf Erden. Lukas beschreibt in der Apostelgeschichte, wie er dieses Wort versteht: Die Jünger wenden sich den Menschen zu und verkünden ihnen die Botschaft Jesu. Sie bezeugen vor aller Welt das Geheimnis seiner Auferstehung, verwandeln die Welt mit ihrer Botschaft. Hier auf Erden kommt Jesus zu uns, wenn wir in seinem Geist handeln. Die beiden Engel bei der Himmelfahrt erinnern uns an die Engel, die am Grab zu den Frauen sagten: »Was sucht ihr den Lebenden bei den Toten? Er ist nicht hier, sondern er ist auferstanden« (Lk 24,5f). Wir sollen Christus weder in der Vergangenheit noch in toten Buchstaben suchen, und wir sollen auch nicht im Himmel nach ihm suchen. Vielmehr begegnet er uns hier und jetzt. Er sendet uns in diese Welt, damit wir diese Welt in seinem Geist gestalten. Die Engel bei der Auferstehung und bei der Himmelfahrt erinnern uns aber auch an den Weihnachtsengel, der den Hirten den Weg nach Bethlehem wies: »Ihr werdet ein Kind finden, das, in Windeln gewickelt, in einer Krippe liegt« (Lk 2,12). Diese Botschaft gilt ebenfalls nach der Auferstehung und Himmelfahrt Jesu. Wir werden Christus in der Krippe der Armut finden, am Rand der Gesellschaft, dort, wo Menschen abgewiesen werden. Die Himmelfahrt Jesu richtet uns darauf aus, ihn nun besonders bei den Armen zu suchen und ihnen zu verkünden, was wir gehört und gesehen haben.

Noch ein anderer Aspekt ist mir an diesem Fest wichtig, ein Aspekt, den Angelus Silesius, der schlesische Dichter und Mystiker, in seinem berühmten Vers ausgedrückt hat: »Halt an, wo läufst du hin? Der Himmel ist in dir. Suchst du Gott anderswo, du fehlst ihn für und für.«

Wir sollen nicht nach oben starren. Der Himmel ist in uns, Gott wohnt in uns selbst. Wir sollen Gott nicht im Außen suchen, sondern im eigenen Herzen. Dieses Bild führt uns zu einer neuen Selbsterfahrung. In uns ist der Himmel, ein Raum, den die Welt mit ihren irdischen Maßstäben nicht bestimmt, ein Raum von Weite und Schönheit, ein Raum von Frieden und Liebe. Wenn wir dieses Bild verinnerlichen, dann spüren wir, dass es uns guttut. In uns ist ein Raum, zu dem die Menschen mit ihren Ansprüchen und Erwartungen, mit ihren Meinungen und mit ihrer Kritik keinen Zutritt haben, in dem Gott selbst in uns wohnt. Und dort, wo Gott in uns wohnt, ist der Himmel in uns. Das deutsche Wort »Himmel« ist verwandt mit »Hemd«. So können wir deuten: Wir sind

bedeckt mit einem Hemd aus Liebe. In uns ist ein Schutzraum der Liebe, in dem wir immer wieder Zuflucht nehmen können, wenn irdische Mächte und Bedrängnisse uns aus unserer eigenen Mitte vertreiben wollen.

Die Zeit zwischen Christi Himmelfahrt und Pfingsten ist geprägt von der Wehmut der Jünger, weil sie alleingelassen worden sind. So bitten sie um den Heiligen Geist. Im Johannesevangelium spricht Jesus in den Abschiedsreden diese Wehmut und den Kummer der Jünger an: »Vielmehr ist euer Herz von Trauer erfüllt, weil ich euch das gesagt habe. Doch ich sage euch die Wahrheit: Es ist gut für euch, dass ich fortgehe. Denn wenn ich nicht fortgehe, wird der Beistand nicht zu euch kommen; gehe ich aber, so werde ich ihn zu euch senden« (Joh 16,6f). Etwas später greift Jesus das Thema der Trauer nochmals auf: »Ihr werdet weinen und klagen, aber die Welt wird sich freuen; ihr werdet bekümmert sein, aber euer Kummer wird sich in Freude verwandeln« (Joh 16,20). Wir hören diese Worte nicht, um uns in die Situation der Jünger zu versetzen. Vielmehr ist die Zeit zwischen Christi Himmelfahrt und Pfingsten ein wichtiges Bild für unsere eigene Situation. Wir erfahren Christus als abwesend, wir erfahren Gottes Abwesenheit. Trotz allen Glaubens an die Auferstehung Jesu erleben wir Zeiten, in denen uns der Glaube abhandenkommt, in denen uns Gott fern erscheint. Wir spüren ihn nicht. Einige werden sich darüber freuen, dass unser Glaube gefährdet ist, dass wir an der Abwesenheit Gottes leiden, und sich in ihrer atheistischen Sichtweise bestätigt fühlen. Doch Jesus sagt, dass diese Zeit für uns heilsam ist. Wir müssen ihn loslassen, damit uns sein Geheimnis von Neuem aufgehen kann; wir müssen Gott und alle Bilder, die wir uns von ihm gemacht haben, loslassen, damit uns der wahre Gott aufscheint. Die Abwesenheit Gottes und Jesu möchte uns dazu führen, dass wir vom Geist Jesu erfüllt werden. Auch wenn wir Jesus manchmal nicht spüren, so ist doch sein Geist in uns, und dieser Geist zeigt uns, dass unser Glaube sich verwandelt hat. Wir sehen die Welt nun aus diesem Geist heraus. Obwohl uns Gott als abwesend erscheint, erkennen wir ihn auf einmal überall, denn alles ist vom Geist Gottes erfüllt. Unser Denken, auch wenn es nicht fromm zu sein scheint, entspringt doch diesem Geist. Aus ihm heraus denken wir auch in einer noch so weltlichen Welt. Diese Spannung von Nähe und Abwesenheit Gottes und die Erfahrung des Geistes gehören wesentlich zu unserem Leben. Jesus drückt das so aus: »So seid auch ihr jetzt bekümmert, aber ich werde euch wiedersehen; dann wird euer Herz sich freuen, und niemand nimmt euch eure Freude« (Joh 16,22). Jesus kommt nicht erst im Tod zu uns, sondern hier auf Erden im Heiligen Geist. Wenn wir aber im Heiligen Geist Jesu und Gottes Nähe spüren, dann wächst in uns eine Freude, die uns niemand nehmen kann. Wir müssen uns dann nicht freuen, wir spüren vielmehr eine innere Freiheit. Wir müssen gar nicht immer Gottes Nähe spüren, der Geist Gottes ist in uns. So können wir gar nicht aus der Nähe Gottes herausfallen; nur die Bilder von Gott können uns abhandenkommen.

Zwischen Erde und Himmel

Mögen Deine irdischen Wurzeln
Dir Verbundenheit bewahren
mit den Menschen
und der ganzen lebendigen Schöpfung.
Mögen sie Dich mit der Schonheit ernähren,
die Dich aus allem Wachsenden grüßt,
und Dich behutsam vertraut machen
mit dem Wesen der Endlichkeit.
Mögen Deine himmlischen Wurzeln
Dir Verbundenheit bewahren
mit der Ewigkeit,
die Deine Heimat ist.
Mögen sie Dich mit der Ruhe ernähren,
die an der Friedlosigkeit der Welt keinen Schaden nimmt,
und Dich anbinden an die Quellen
unerschöpflicher Zuversicht.
Möge dort, zwischen Deinen
irdischen und himmlischen Wurzeln,
sichtbar werden,
wie sehr Du geliebt bist
und wie sehr Du selbst
der Liebe Gestalt gibst.
GIANNINA WEDDE

Wo ist der Himmel?

»Halt an, wo läufst du hin? Der Himmel ist in dir. Suchst du Gott anderswo, du fehlst ihn für und für.« Auch Kinder können schon etwas vom Geheimnis erahnen, das Angelus Silesius in diesem Vers in Worte zu fassen versucht: Das Göttliche ist groß und weit und dennoch nicht außerhalb von uns. Ein wunderbares Bilderbuch über die Seele und den innersten Kern des Menschen ist »Anne und Pfirsich oder: Wo unsere Seele zu Hause ist«. Auch wenn Gott mit keiner Silbe erwähnt wird, öffnet es einen Raum für den Gedanken, dass dieser unverletzliche Kern in uns eng mit dem Göttlichen verbunden ist.

♡ Soheyla Sadr, **Anne und Pfirsich oder: Wo unsere Seele zu Hause ist,** Trier 2020

Ritual

Betrachte den Himmel, die Weite, die Wolken, die am Himmel ziehen. Was macht dieser Blick mit dir? Relativiert er die Probleme, die du auf Erden hast? Vielleicht weckt der Blick zum Himmel in dir die Sehnsucht nach dem, was droben ist, was nicht so kleinkariert ist wie die alltäglichen Reibereien, denen du ausgesetzt bist. Nun stelle dir vor: Die Weite des Himmels ist in dir. In dir ist der Himmel. In dir ist ein Raum, zu dem die Welt keinen Zutritt und über den sie keine Macht hat. Spüre die innere Freiheit, die das Bild vom Himmel in dir auslöst. Genieße die innere Weite. In dir ist ein Wissen vom eigentlichen Ziel deines Lebens und in dir ist ein Raum der Freiheit und der Liebe. Denn wo der Himmel ist, ist die Liebe.

Pfingsten–
Vom Geist erfüllt

Pfingsten ist die Vollendung von Ostern. Der Name kommt von Pentekoste, was die Zahl Fünfzig bezeichnet. Fünfzig ist die Zahl, die etwas abrundet und vollendet. Papst Gregor der Große hat in der Lebensbeschreibung des Benedikt ein Wort aus dem Buch Numeri herangezogen. Die betreffende Stelle besagt, dass die Leviten ab fünfundzwanzig Jahren den Dienst im Tempel verrichten müssen. Vom fünfzigsten Jahr an aber dürfen sie »Hüter der heiligen Gefäße sein«. Gregor deutet diese Stelle nun auf Benedikt um, der ab dem fünfzigsten Jahr geistlicher Begleiter der jungen Mönche sein durfte: Er sollte die heiligen Gefäße der Mönche hüten. Der deutsche Mystiker Johannes Tauler wiederum zitiert diese Stelle von Papst Gregor, um sie in einem anderen Sinn zu deuten. Für ihn wird der Mensch erst ab dem fünfzigsten Lebensjahr wirklich ein Mensch des Geistes. Vorher ist noch zu viel Natur in ihm. Damit meint Tauler, dass der junge Mensch zwar oft von Gott begeistert ist, in dieser Begeisterung aber auch viel Projektion stecke. Viele glauben, Gott selbst würde sie in der Begeisterung berühren, aber oft sind es nur natürliche Vorgänge, eben seelische Projektionen. Erst mit fünfzig Jahren darf der Mensch darauf vertrauen, dass »ihm der Heilige Geist, der Tröster, in Wahrheit zuteilwerde, der Geist, der alle Dinge lehret« (Lebensmitte 2). Der Heilige Geist zeigt sich dann weniger in einer euphorischen Begeisterung als in der Nüchternheit des Alltags. Karl Rahner hat das Wirken des Heiligen Geistes im Alltag beschrieben. Wenn wir auf eine Verletzung nicht gekränkt reagieren, wenn wir uns auf den anderen in seiner Not einlassen, obwohl wir gerade Wichtiges zu tun hätten, dann ist das ein Impuls des Heiligen Geistes. Der Heilige Geist treibt uns an, mitten in der Alltäglichkeit unseres Lebens Achtsamkeit, Liebe, Zuwendung, Barmherzigkeit und Weite zu verwirklichen.

An Pfingsten feiern wir die Hoffnung, dass wir Menschen des Heiligen Geistes werden. Wir hoffen darauf, dass unsere Gedanken nicht einfach Gedanken sind, die wir von anderen übernehmen oder die sich aus unseren psychischen Projektionen ableiten, sondern Gedanken, die vom Heiligen Geist kommen. Dass er die eigentliche Triebfeder unseres Lebens wird, darauf vertrauen wir.

Für manche ist die Vorstellung des Heiligen Geistes zu abstrakt, aber wenn wir in die Bibel schauen, so zeigt sie uns dazu heilsame Bilder. Da ist einmal das Bild der Quelle, die uns erfrischt, das Bild des lebendigen Wassers, das in uns strömt und uns lebendig hält. Dieses Bild verwendet vor allem das Johannesevangelium für den Heiligen Geist. Wenn Jesus uns seinen Geist schenkt, dann gilt von jedem von uns: »Aus seinem Inneren werden Ströme von lebendigem Wasser fließen. Damit meinte er (Jesus) den Geist, den alle empfangen sollten, die an ihn glauben; denn der Geist war noch nicht gegeben, weil Jesus noch nicht verherrlicht war« (Joh 7,38f). Wir dürfen aus einer Quelle schöpfen, die nie versiegt, sobald Jesus uns seinen Geist schenkt. Das bewahrt uns vor dem Burn-out, weil wir dann aufhören, uns mit unserer Arbeit selbst etwas zu beweisen. Die Arbeit strömt aus der inneren Quelle des Heiligen Geistes. So wird sie zum Segen für andere, und uns erschöpft sie nicht, weil diese Quelle unerschöpflich ist. Dabei handelt es sich nicht nur um eine Quelle, die uns erfrischt, sondern auch um eine Quelle der Liebe, die uns durchdringt. Wenn wir mit diesem Bild leben, dann fühlen wir uns anders. Wir werden nicht so leicht müde und haben keine Angst, dass uns die Liebe abhandenkommt. Sie strömt immer in uns und nährt uns und erfrischt uns.

Johannes kennt noch ein anderes Bild des Heiligen Geistes. In den Abschiedsreden nennt Jesus den Heiligen Geist den »parakletos«. Das kann man verschieden übersetzen: »den Anwalt, den Beistand, den Tröster«. Jesus verheißt den Jüngern: »Und ich werde den Vater bitten, und er wird euch einen anderen Beistand geben, der für immer bei euch bleiben soll. Es ist der Geist der Wahrheit, den die Welt nicht empfangen kann, weil sie ihn nicht sieht und nicht kennt. Ihr aber kennt ihn, weil er bei euch bleibt und in euch sein wird« (Joh 14,16f). Auch das ist ein heilsames Bild: Wenn wir nicht selbst zu uns ste-

hen können, ist da der Geist in uns, der uns beisteht, der bei uns steht und zu uns steht, der uns als Anwalt den Rücken stärkt, der uns tröstet, wenn wir uns allein und einsam fühlen. Wir sind nie allein auf uns selbst gestellt, immer ist da der Heilige Geist als Beistand bei uns, wenn wir ratlos und hilflos sind. Er ist nicht nur bei uns, sondern in uns. In uns ist der Geist, der zu uns steht, der für uns einsteht, der uns in die Wahrheit führt, der uns die Augen öffnet, der uns den den Blick auf das Wesen der Dinge verstellenden Schleier wegzieht.

Lukas liebt wiederum ein anderes Bild des Heiligen Geistes. Es ist das Bild des Feuers: »Ich bin gekommen, um Feuer auf die Erde zu werfen. Wie froh wäre ich, es würde schon brennen!« (Lk 12,49). An Pfingsten erscheinen den Jüngern »Zungen wie von Feuer, die sich verteilten; auf jeden von ihnen ließ sich eine nieder. Alle wurden mit dem Heiligen Geist erfüllt und begannen, in fremden Sprachen zu reden, wie es der Geist ihnen eingab« (Apg 2,3f). Für mich sind das genau genommen zwei Bilder. Zum einen sind wir Hüter des Feuers, Hüter der heiligen Glut in uns. Das Feuer steht für die Liebe: In uns brennt die Glut der Liebe. Henri Nouwen meint, als Christen hätten wir die Aufgabe, die Glut in uns zu hüten. Doch er erlebte viele Priester, die ausgebrannt waren und die nur noch leere Worte von sich gaben. Nouwen ist fasziniert von seinem Landsmann Vincent van Gogh. Von ihm sagt er, dass er sein Leben lang die innere Glut behütet hat. Er hat die Tür seines Ofens verschlossen gehalten, um die innere Glut zu schützen. Wer ständig seine Ofentür offen hält, dessen Glut verlöscht. Die Glut, die Vincent van Gogh gehütet hat, spüren wir noch immer, wenn wir seine Bilder anschauen. So meint Nouwen, dass sich heute noch viele Menschen an der Glut dieses begnadeten Malers wärmen können. Leute von heute fühlen sich oft leer und ausgebrannt. Da ist es gut, sich daran zu erinnern, dass in uns die Glut des Heiligen Geistes glimmt, die uns wärmt, die uns mit Liebe erfüllt – einer Liebe, die nicht nur unser Herz aufblühen lässt, sondern die durch uns hinausstrahlt auf die Menschen, denen wir begegnen. Der Geist, der in uns glüht, strömt in unsere Ausstrahlung, in unsere Augen, in unsere Hände und in unsere Worte. Alles ist vom Feuer der Liebe ergriffen und wärmt die Menschen, die sich uns nähern.

An Pfingsten erscheint der Heilige Geist in Feuerzungen. Das bezieht sich auf die Sprache. Der Heilige Geist spricht in uns eine Sprache, die wärmt, bei der ein Funke überspringt. Die Emmausjünger haben bei Jesus diese wärmende Sprache erfahren. Sie sagen zueinander: »Brannte uns nicht das Herz in der Brust, als er unterwegs mit uns redete und uns den Sinn der Schrift erschloss?« (Lk 24,32). Im Griechischen steht hier: »lalein«. Man übersetzt es besser mit »sprechen« als mit »reden«, denn »reden« heißt im Griechischen »legein«. Letzteres bedeutet immer: »begründen, darlegen, rechtfertigen, beweisen«. »Lalein« dagegen ist Lautmalerei und meint das Lallen des Kindes, also ein persönliches Sprechen. Das deutsche Wort »sprechen« kann man in Zusammenhang bringen mit »bersten«, es bricht aus dem Herzen heraus. Die Sprache des Heiligen Geistes ist eine Sprache, die aus dem Herzen kommt und das Herz erwärmt, die alle Herzen berührt. Alle verstehen die Sprache der Jünger, auch wenn sie von ihrer Herkunft her eine andere Sprache sprechen. Es ist keine Sprache, die etwas beweisen will, sondern eine, wie sie der Geist eingibt, und eine, die die großen Taten Gottes verkündet (vgl. Apg 2,11).

Das Bild der neuen Sprache ist ein heilsames Bild, denn wir wissen, dass wir mit der Sprache Menschen verletzen und erniedrigen können. Aber wir können sie damit auch ermutigen, sie aufrichten und sie heilen. Pfingsten ist die Verheißung, dass uns eine neue Sprache geschenkt wird, mit der wir einander berühren, eine heilsame, ermutigende, tröstende und liebende Sprache. Viele Familien leiden unter Sprachlosigkeit, Ehepaare reden aneinander vorbei, Eltern und Kinder reden in einer Sprache, die das jeweilige Gegenüber nicht mehr versteht. In Firmen wird oft eine kalte Sprache gesprochen, die die Menschen krank macht, in der Kirche sprechen wir oft eine moralisierende Sprache, die dem Zuhörer ein schlechtes Gewissen einimpfen möchte. Doch immer mehr Menschen verschließen ihre Ohren vor solch einer Sprache. Therapeuten sehnen sich danach, ihren Klienten heilsame Worte zu sagen, Prediger ringen um eine Sprache, die die Zuhörer berührt – auch wenn sie oft einen ganz anderen Erfahrungshintergrund haben als der Prediger selbst –, und in unserer Gesellschaft sehnen wir uns nach einer Sprache, die verbindet und versöhnt. Die Sprache, die spaltet und anklagt, haben wir satt.

So erfüllt Pfingsten unsere Sehnsucht nach einem Leben aus der inneren Quelle und aus der Glut, die auf dem Grund unserer Seele glüht. Pfingsten vermittelt uns die Gewissheit, dass wir nicht alleingelassen sind, sondern dass ein Beistand, ein Anwalt bei und in uns ist, der zu uns steht, wenn es uns schwerfällt, für uns einzustehen. Aber Pfingsten ist auch die Verheißung einer neuen Sprache, die die Welt verwandelt. Denn – so sagen die Kirchenväter – mit der Sprache bauen wir ein Haus. Die Jünger Jesu bauen an Pfingsten mit ihrer Sprache ein Haus, in das viele eintreten wollen, die durch die Worte des Petrus »mitten ins Herz getroffen« (vgl. Apg 2,37). wurden. So betraten am Pfingsttag dreitausend Menschen das Haus der Kirche, das Haus, das die Apostel mit ihrer Sprache gebaut haben. Aber Pfingsten erfüllt unsere Sehnsucht nach der inneren Quelle, der Glut und der neuen Sprache nicht automatisch. Nur wenn wir uns vom Geist Jesu durchdringen lassen, wenn wir alles Verstaubte und Vermoderte in uns in den Sturm dieses Geistes halten, vermag uns der Heilige Geist zu verwandeln und uns in Berührung zu bringen mit der Quelle und Glut auf dem Grund unserer Seele. Nur dann wird unsere Sprache verwandelt, wenn wir die alten, leer gewordenen Worthülsen vom Sturm wegtragen lassen.

Ritual

Ein altes Gebet lautet: »Atme in mir, Heiliger Geist!« Setze dich still hin und beobachte deinen Atem. Stelle dir vor, dass bei deinem Ausatmen alles Verstaubte und Vertrocknete in dir abfließt. Dann stelle dir vor, wie du beim Einatmen den Heiligen Geist einatmest, der alles in dir erneuert. Stelle dir vor, dass auf dem Grund deiner Seele, unterhalb von allem inneren Chaos, eine innere Quelle sprudelt. Nun stelle dir vor, dass beim Einatmen diese innere Quelle in deinen Körper einströmt und alles in dir erfrischt. Stelle dir vor, dass du aus dieser Quelle immer schöpfen kannst, ohne je erschöpft zu werden. Denn es ist die göttliche Quelle des Heiligen Geistes, die nie versiegt.

Kindlich begeistert

Freude, Begeisterung, sich verstehen über alle Grenzen hinweg – was den Jüngerinnen und Jüngern in der Pfingstgeschichte geschenkt wird, bringen Kinder von Natur aus einfach mit. Sie versinken im Spiel, toben ausgelassen, erzählen begeistert und begegnen Unbekanntem meist unbefangen und interessiert. Eine wahrhaft pfingstliche Übung für die Erwachsenen: einen Tag lang offen und neugierig dieser kindlichen Begeisterungsfähigkeit folgen. Ohne Blick auf die Uhr, ohne Wenn und Aber. Wohin das führt? Vielleicht zu einer unerwarteten, aber nicht weniger »echten« Pfingsterfahrung: Wir werden erfüllt, sind begeistert, lachen überschwänglich und entdecken Neuland.

O komm, du Geist der Wahrheit:

Kümmere dich um meine Seele.

O komm, du Geist der Wahrheit:

Befreie mich von Angstmachern und Buchhalterinnen.

O komm, du Geist der Wahrheit:

Richte mich auf, wenn ich manches nicht wiedergutmachen kann.

Amen

SUSANNE NIEMEYER / MATTHIAS LEMME

Dreifaltigkeit –
Der offene Gott

Das Fest der Dreifaltigkeit bereitet vielen Christen Schwierigkeiten. Man spricht von einem Ideenfest, und das klingt eher nach einer theologischen Lehre, aber nicht nach einem heilsamen Bild. Immer wieder beanstanden Menschen bei uns Christen, wir würden doch eigentlich an drei Götter glauben. Doch gemeinsam mit Juden und Muslimen glauben wir an den einzigen Gott. Der Gedanke der Dreifaltigkeit zeichnet uns das Bild eines offenen Gottes. Gott hat sich nicht in den Himmel zurückgezogen, um da für sich zu leben, er hat sich für uns geöffnet. Diese Öffnung beschreibt die Bibel in verschiedener Weise: Gott spricht zu uns, und sein Wort wird Fleisch in Jesus Christus, damit wir es mit allen Sinnen in uns aufnehmen. Gott wirkt in uns durch seinen Heiligen Geist. Der Heilige Geist ist in uns, und in ihm wohnt Gott selbst in uns. Wenn wir in uns hineinhorchen, stoßen wir nicht nur auf die eigene Lebensgeschichte und auf die Erfahrungen, die wir gemacht haben, sondern auch auf den Geist Gottes, der in uns ist und in uns wirkt.

Für die griechischen Kirchenväter war klar, dass wir das Wesen Gottes nicht erkennen können. Gott ist jenseits all unserer Begriffe und Bilder, aber wir können sein Wirken erkennen. Dieses Wirken haben die Kirchenväter immer in dreifacher Weise beschrieben. Dabei greifen sie auf drei Prinzipien zurück, auf denen alles beruht: das Sein (esse), das Leben (vivere) und das Verstehen (intelligere). Diese drei Prinzipien beziehen sie nun auf den dreifaltigen Gott. Der Vater steht für das Sein, Gott ist das reine Sein. Der Sohn bedeutet das Leben, das aufblüht, das Lebendigkeit und Fülle meint. Dem Heiligen Geist entspricht das Verstehen. Der

Vater ist die Quelle allen Seins, aus der das Leben, der Sohn, ausströmt, um uns zu erfrischen und zu stärken, und der Heilige Geist führt uns durch das Verstehen in Gott zurück. Gott sendet seinen Sohn, damit er mit uns ist und unsere Wege mit uns geht, und er sendet uns den Heiligen Geist, damit wir uns selbst und Gott verstehen. Schließlich führt der Heilige Geist, der vom Vater ausgeht, uns in Gott hinein, verbindet uns mit dem Ursprung.

Wir können diese drei Prinzipien aber auch für uns selbst deuten. Wenn wir mit dem reinen Sein in Berührung sind, wenn wir einfach nur reines Sein sind, dann erfahren wir Gott als den Vater. Wenn wir lebendig sind, wenn Leben in uns aufblüht, dann erfahren wir letztlich Gott als den Sohn, der in uns ist und uns aufrichtet. Wenn wir uns aber selbst verstehen, dann erfahren wir Gott als den Heiligen Geist, dann wirkt der Heilige Geist in uns. So ist das Bild des dreifaltigen Gottes immer auch ein Bild für uns Menschen. Es handelt sich nicht um eine abstrakte Spekulation über das Wesen Gottes, sondern um eine Beschreibung für unser Leben, wie wir uns selbst erleben und verstehen können als Menschen, die von Gott kommen (Vater), von Gott berührt sind (Sohn) und die manchmal in Augenblicken der Kontemplation klar sehen, den Grund allen Seins sehen und begreifen (Heiliger Geist).

Die Kirchenväter haben das Bild des dreifaltigen Gottes auch als Bild für den Menschen verstanden. Gott hat ja den Menschen nach seinem Bild geschaffen. Auch der Mensch hat in sich drei Bereiche: Geist, Seele und Leib, wie es die griechische Philosophie verkündet, oder Verstand, Wille und »memoria« (Gedächtnis), wie es der hl. Augustinus sieht. Das Bild des dreifaltigen Gottes will uns sagen, dass alle drei Bereiche im Menschen von Gott berührt und durchdrungen werden müssen, damit der Mensch wahrhaft Mensch wird.
So hängt das Gelingen unserer Selbstwerdung also davon ab, dass wir alle Bereiche, nicht nur unseren Geist, sondern auch unsere Seele und unseren Leib Gott hinhalten. Da wir das Bild Gottes durch unsere Sünde verunreinigt haben, hat er seinen Sohn gesandt, dass er dieses Bild wiederherstellt und uns wiederum den Heiligen Geist sendet, der uns vergöttlicht. Von diesem Geist sagt Paulus: »Wir aber haben nicht den Geist der Welt empfangen, sondern

den Geist, der aus Gott stammt, damit wir das erkennen, was uns von Gott geschenkt worden ist« (1 Kor 2,12). Dass der Geist, der in uns ist, Gott selbst ist und nicht nur eine Gabe, die Gott uns von außen her schenkt, macht unsere Würde aus. Es zeigt auch, wie eng die christliche Botschaft Gott und den Menschen miteinander verbindet. Man kann nicht vom Menschen sprechen, ohne von Gott zu sprechen. Und umgekehrt: Von Gott sprechen wir nur dann angemessen, wenn wir auch vom Menschen sprechen, in dem Gott selbst Wohnung genommen hat.

Für C. G. Jung ist das Gottesbild das wichtigste archetypische Bild. Es bringt uns in Berührung mit unserer inneren Mitte, mit unserem wahren Selbst. Wenn das wichtigste archetypische Bild krank ist, wird der ganze Mensch krank. Daher ist es für Jung wichtig, stimmige Bilder von Gott zu haben. Davon hängt die Gesundheit des Menschen ab. Das Bild des dreifaltigen Gottes ist für Jung so ein heilsames Bild. Wir werden dieses Bild nie ganz verstehen, aber unsere Seele wird davon angesprochen. Bilder von Gott wollen ihn nicht festlegen, vielmehr haben sie die Aufgabe, das Geheimnis offen zu halten, sowohl das Geheimnis Gottes als auch das Geheimnis des Menschen. Das Bild des dreifaltigen Gottes hindert uns daran, ihn zu schnell auf unser Verständnis von ihm festzulegen. Es hält das Geheimnis offen, damit wir immer wieder neu Ausschau halten nach dem Gott, der jenseits aller Bilder ist.

Ritual

Betrachte einmal das Geheimnis der Drei. Wo begegnet dir überall die Drei? Oft gliederst du deinen Vortrag in drei Bereiche. Im Märchen sind es immer drei Königssöhne, die ausziehen, um ihren kranken Vater zu heilen. In der Natur findest du das dreiblättrige Kleeblatt. Die Natur wird oft dreigeteilt: Himmel, Erde und Meer. In dir selbst gibt es drei Bereiche: Kopf, Herz und Bauch – Denken, Lieben und Fühlen. Wir sagen: Aller guten Dinge sind drei. Meditiere dich in die Drei hinein. Überlege, was die Drei in dir auslöst. Vielleicht geht dir dann das Geheimnis des dreifaltigen Gottes auf. Du wirst die Dreifaltigkeit nicht begreifen, aber vielleicht eröffnet dir das Geheimnis der Drei auch etwas vom Geheimnis deiner selbst und vom Geheimnis des unbegreiflichen Gottes.

DER SOMMER

Der Sommer beginnt am 21. Juni und endet um den 20. September. Innerhalb dieser Jahreszeit unterscheidet man den Hochsommer und den Spätsommer. Der 15. August bildet die Mitte des Sommers, danach meldet sich langsam schon der Herbst an. Das Wetter schlägt um, die Luft wird anders. Der Sommer ist der Höhepunkt des Jahres. Es wird heiß, die Sonne steht am höchsten. Die Abende werden lang, weil die Sonne spät untergeht, und schon früh am Morgen geht sie auf. Sommermorgen und Sommerabende haben eine eigene Qualität. Am Morgen spürt man die Frische des Sommers, man spürt neues Leben erwachen. Die Abende sind mild, man setzt sich gerne in den Garten, spricht miteinander und erfrischt sich dabei mit Getränken. Der Sommer hebt die Stimmung im Menschen, allerdings gibt es auch solche, die unter der Hitze stöhnen, die die Hitze nicht gut aushalten. Viele Menschen machen im Sommer Urlaub, sie genießen es, einmal nichts tun zu müssen. Gerade wenn es heiß wird, hat der Mensch auch das Bedürfnis, zu ruhen und sich Zeit zu lassen für das Leben.

Der Sommer steht im Lebenskreis des Menschen für die Blüte. Der Mensch ist erwachsen geworden, steht auf dem Höhepunkt seiner Leistungsfähigkeit, überblickt sein Leben, sonnt sich in seinen Erfolgen und er bringt mit seinem Leben Frucht. Er entfaltet seine Fähigkeiten und ist dankbar für sein Leben, das er genießen kann. Doch im Spätsommer meldet sich schon ein anderes Gefühl im Menschen. Er spürt, dass der Herbst kommen wird, dass seine Kraft nicht zunehmen, sondern abnehmen wird. Das versetzt manche in Traurigkeit.

Das Gefühl, das uns der Sommer beschert, ist ein Gefühl von Fülle, von Genießen, von Freiheit. Der Urlaub erlaubt uns, uns auf neue Weise zu erleben. Georg Britting hat die Gefühle, die Menschen im Sommer haben, so beschrieben:

»Kurzer Sommer, glühender, bleib! Dein Anhauch
Zwar verdrießt das ängstliche Gras. Das Korn doch
Liebt dich, der sich rötende Wein. Die Grille
Singt dir ein Loblied,
Und die Lerche, wenn sie ins Blaue klettert,
Tut es trillernd, dir zu gefallen, und des
Wilden Klatschmohns purpurne Blüte ist ein
Feuriger Juhschrei!«

Beim Winter hat man oft das Gefühl, dass er zu lange dauert, beim Sommer hat man eher die Angst, dass er schon wieder vorbei ist. Es ist eine Zeit der Fülle und des Jubels. Wenn diese Jahreszeit aber an Mariä Himmelfahrt ihren Höhepunkt überschritten hat, läutet der Spätsommer bereits den Abschied ein. Da gibt es noch schöne sonnige Tage, aber zugleich spürt man: Die Zeit zum Baden ist vorbei, die Zeit des Jubels ist vorbei. All diese Aspekte des Sommers werden auch in den betreffenden kirchlichen Festen angesprochen und auf eine höhere Ebene geführt.

Fronleichnam –
Die Verwandlung der Welt

Am Donnerstag nach dem Fest der Heiligen Dreifaltigkeit feiert die Kirche das Fest Fronleichnam. Es fällt manchmal noch in den Frühling, manchmal erst in den Sommer, aber wir verbinden eher Letzteren mit diesem Fest, erinnern wir uns doch an Fronleichnamsprozessionen bei großer Hitze. Manche sehen in diesem Fest ein typisch katholisches. Die Kirche zeigt sich zu diesem Datum, indem sie eine Prozession durch die Städte zelebriert. Nur die wenigsten Christen wissen, dass Fronleichnam von einer Frau eingeführt worden ist. Als typisch weibliches Fest geht es zurück auf die eucharistische Frömmigkeit von Frauenkreisen in Brabant und Flandern und letztlich auf die Visionen der Juliana von Lüttich (gest. 1258). Sie sah eine helle Mondscheibe, die am Rand einen dunklen Fleck aufwies, und deutete diese Vision so, dass der Kirche ein Fest fehle, das die Gabe der Eucharistie eigens feiere. So führte auf ihre Anregung hin Bischof Robert ein solches in Lüttich ein, und von da aus hielt es seinen Siegeszug, zuerst in Frauenklöstern, dann in der ganzen Kirche. Offensichtlich hat es die inneren Bilder der Menschen berührt, sonst hätte es sich nicht so verbreitet. Fronleichnam entstammt dem Gespür von Frauen, es ist ein Fest, das die Materie heiligt, das uns einen neuen Blick für die Würde des Leibes und für das Geheimnis der Materie schenkt. Darüber hinaus ist es ein Fest der Hoffnung, dass alles in uns verwandelt werden kann.

Welche Botschaft haben die Frauen des 13. Jahrhunderts für uns heute? Wie kann uns dieses Fest eine neue Sicht unseres Lebens und unserer Welt vermitteln? In dem verwandelten Brot wird Christus selbst durch die Welt getragen, um zu sagen: Überall in dieser Welt ist Christus der eigentliche Grund, alles ist letztlich durchscheinend für ihn. Das Brot ist Frucht der Schöpfung. Wenn das Brot in den Leib Christi verwandelt wurde und wenn in ihm Christus selbst sich uns zeigt, dann heißt das zugleich: Er ist in allem, und durch ihn ist alles. Das verwandelte Brot ist wie ein Spiegel, in dem wir die Welt mit neuen Augen sehen. Überall, wo wir Christus in der Monstranz hintragen, bekennen wir: Er ist dort, er ist in den Straßen unserer Stadt, in den Häusern unserer Familien, in den Fabriken und Büros, er ist in den Blumen und Bäumen. Teilhard de Chardin, der große französische Jesuit und Naturforscher, beschreibt, wie er in einer Dorfkirche vor der Monstranz kniet. Auf einmal ist es ihm, als ob sich das Weiße der Hostie durch die ganze Welt ausbreitet und alles mit Christi Liebe durchdringt. Diese Liebe Jesu, die am Kreuz zur Vollendung kommt, tragen wir durch die Welt, um zu bekennen, dass sie die Schöpfung durchwaltet, dass sie letztlich in jedem Menschen ist, auch in dem, der nach außen hin voller Hass ist. Wir tragen die Monstranz durch die Welt, um auszudrücken, dass jeder Mensch letztlich Monstranz ist, dass jeder Mensch Christus in sich trägt. Die Fronleichnamsprozession möchte uns einladen, in jedem Menschen Christus zu sehen. Solche verwandelten Augen täten unserer Welt gut, sie wären Hoffnung für diese Welt. Anstatt uns mit misstrauischen oder beurteilenden Augen anzuschauen, sollten wir lernen, einander mit den Augen des Glaubens zu betrachten und in jedem Menschen den guten Kern oder zumindest die Sehnsucht nach dem Guten zu entdecken, die Sehnsucht nach dem reinen Bild Christi in ihm. Wir tragen die Monstranz durch die Welt unseres Alltags, um diese Welt mit anderen Augen zu sehen. Das Fronleichnamsfest ist ein Fest des Schauens, nicht des Zuschauens, sondern eines Sehens, das tiefer eindringt in das Geheimnis der Dinge, der Welt und der Menschen.

Von dem verwandelten Brot, von Christus in der Monstranz fällt ein Glanz auf unsere Welt. Alles wird durchsichtig für Christus. Die Tür wird zu einem Bild für die neuen Räume, die wir durch ihn betreten. Das Fenster erinnert uns daran, dass die ganze Welt ein Fenster ist, durch das wir Gott, das unbegreifliche und unsichtbare Geheimnis, erahnen. Das Haus wird zum Bild dafür, dass Gott selbst bei uns und in uns wohnt. Die Straßen werden zum Gleichnis, dass Jesus, der göttliche Wanderer, alle Wege mit uns geht.

In der katholischen Sprache heißt die Monstranz mit der verwandelten Hostie: das Allerheiligste. Wir tragen das Allerheiligste durch die Straßen, um zu bekennen: Alles ist heilig, alles ist von Gottes Geist durchdrungen. Heilig ist das, was der Welt entzogen ist, was Gott gehört. Wir drücken mit der Fronleichnamsprozession aus, dass die ganze Welt ihm gehört und daher nicht vom Menschen einem Zweck zugeführt oder missbraucht werden darf. Überall begegnen wir dem Heiligen, das unserem Zugriff entzogen ist. Daher will das Fronleichnamsfest uns einladen, die Welt anzuschauen und zu bestaunen, anstatt sie auszubeuten.

Fronleichnam ist kein Fest der Kleriker, sondern ein Fest der Frauen, von Frauen ins Leben gerufen. Frauen haben ein Gespür für das Geheimnis der Schöpfung, für das Geheimnis, dass Gott in allem zu finden ist, dass alles durchscheinend ist für die Liebe. Das Fest will uns einladen, die Welt und uns einander mit neuen Augen anzuschauen und alles, was wir in die Hand nehmen und was wir berühren, mit Liebe zu durchdringen. Dann wird alles neu geboren, dann wird das Geheimnis der Menschwerdung in die Welt hinein verlängert. Die Geburt Jesu aus der Jungfrau vollzieht sich dann für uns von Neuem, Gott wird hineingeboren in die Welt, die in ihrer Gänze von seiner Fleischwerdung erfüllt wird. Wir feiern die universale Einfleischung der Liebe Gottes in unserer Welt. So ist Fronleichnam ein optimistisches Fest, das uns nicht nur in eine neue Gotteserfahrung, sondern auch in eine neue Erfahrung dieser Welt einführt, in die Erfahrung einer Welt, die Gottes Liebe widerspiegelt. Zugleich ist Fronleichnam das Fest, das uns verheißt: Alles in uns kann verwandelt werden. Unsere Aufgabe ist es nur, alles in uns, auch das Weltliche und Gottlose, das Dunkle und Chaotische, in Gott hineinzuhalten. Dann wird es verwandelt, dann wird es ganz und gar von Gottes Geist und Gottes Liebe durchdrungen; dann wird es in die Gestalt hineinverwandelt, die Gott jedem Menschen, jedem Tier, jeder Pflanze und der ganzen Materie zugedacht hat; dann wird die Welt so, wie sie in der Schöpfung gemeint war und wie sie Gott selbst am Ende seines Schöpfungswerkes beurteilt hat: Er sah, dass alles sehr gut und sehr schön war.

Ritual

Es ist ein gutes Ritual, wenn du an Fronleichnam die Prozession mitmachst, die deine Pfarrei feiert. Meditiere dabei, dass du jetzt als Christ Christus in diese Welt hineinträgst, in die Straßen, in denen Menschen wohnen, in den Park, durch den dich die Prozession führt. Stelle dir vor, dass Christus die ganze Welt durchdringt, auch die so weltliche Welt, in der oft nichts mehr von ihm zu spüren ist. Wenn du nicht an der Fronleichnamsprozession teilnehmen kannst, dann gehe selbst einmal bewusst durch den Ort, in dem du wohnst. Stelle dir vor: Du trägst Christus in deinem Inneren wie in einer Monstranz. Dieser Christus ist aber auch in den Menschen, denen du begegnest, die dort in den Häusern wohnen. Stelle dir vor, dass alle Menschen – oft genug nur unbewusst – von diesem Christus berührt sind, durchdrungen und verwandelt, dass dir in jedem menschlichen Antlitz Christus selbst begegnet.

Herz Jesu –
Der verwundbare Mensch

Das Herz ist ein Urbild des Menschen. Wir sagen von jemandem, dass er ein weites oder ein offenes Herz hat, andere hingegen sind herzlos oder sie haben ein hartes Herz. Das Fest des Herzens Jesu will uns Mut machen, ein verwundbares Herz zu haben. Nur eines, das verwundbar ist, vermag zu lieben. So schauen wir an diesem Fest auf das offene Herz Jesu, um unsere eigenen Herzen für die Liebe zu öffnen. Es geht nicht darum, in unseren Wunden zu wühlen. Das wäre Masochismus. Vielmehr will uns das Herz-Jesu-Fest einüben, in unseren eigenen Wunden auch die Perlen zu sehen. Viele Künstler haben die Herzwunde Jesu golden dargestellt. Aus dem offenen Herzen strahlt uns der Goldglanz der Liebe entgegen, und die Vergoldung zeigt uns ebenfalls an, dass unsere Wunden zu etwas Kostbarem werden können. Dort, wo wir verwundet sind, sind wir auch offen geworden für unser wahres Selbst, und wir haben uns den Menschen gegenüber geöffnet. Die alten Griechen waren überzeugt: Nur der verwundete Mensch vermag zu heilen. Indem wir auf die vergoldete Herzwunde Jesu schauen, wächst in uns das Vertrauen, dass Gott auch unsere Wunden in Gold verwandeln wird. Wer zu wenig Geborgenheit erfahren hat, wird fähig, anderen Geborgenheit zu schenken. Wem man das Rückgrat gebrochen hat, der verwandelt seine Wunde, indem er anderen den Rücken stärkt. Wer Ablehnung erfahren hat, wird sensibel für Menschen, die sich selbst nicht annehmen können. Wer emotional oder sexuell missbraucht worden ist, der schafft einen Raum, in dem andere sich geschützt, geborgen und zugleich frei fühlen und ihre unantastbare Würde entdecken.

Eine andere Sehnsucht, die wir mit diesem Fest verbinden, ist die Sehnsucht nach einem konkreten Ort für die Erfahrung der Liebe. Wenn wir von Gottes Liebe sprechen, ist das für viele zu abstrakt. Im Herzen Jesu ist die Liebe Gottes für uns konkret, sichtbar und erfahrbar

geworden. Gott hat für uns ein menschliches Herz bekommen, er hat im Herzen Jesu sein eigenes Herz für uns geöffnet. So haben wir durch Jesus Zutritt zum Herzen Gottes bekommen.

Das Herz-Jesu-Fest lädt uns aber auch ein, unsere Herzwunden Gott hinzuhalten. Die Herzwunde weist immer auf Verletzungen in der Liebe hin. Entweder haben wir zu wenig Liebe bekommen oder wir haben einen Menschen geliebt und sind in unserer Liebe enttäuscht worden. Manchmal hat uns gerade der Mensch, den wir am meisten lieben, am tiefsten verletzt. Manche sterben dann sogar an gebrochenem Herzen, andere leiden an Herz-Rhythmus-Störungen. Alle Verletzungen, die unser Herz berühren, halten wir an diesem Fest Gott hin. Indem wir auf das verwundete und geöffnete Herz Jesu schauen, wächst in uns der Mut, auch die eigenen Herzwunden anzuschauen und in Gottes Liebe hineinzuhalten, damit seine Liebe unsere verwundete Liebe heilt.

Am Herz-Jesu-Fest wird uns als Evangelium die Stelle aus Johannes vorgelesen, an der ein Soldat mit der Lanze in die Seite Jesu stößt und aus ihr Blut und Wasser herausströmen. Diese Szene ist voller Symbolik. Sie erinnert an den Felsen in der Wüste, an den Mose seinen Stab schlug. Sogleich floss eine Quelle frischen Wassers heraus. Aus der Seite Jesu fließen Blut und Wasser. Blut ist ein Bild für die Liebe Jesu, die aus ihm herausströmt. Wasser ist ein Bild für den Heiligen Geist. Aus dem Leib Jesu als dem wahren Tempel entströmt die Quelle des Heiligen Geistes, aus der wir trinken dürfen, um unseren tiefsten Durst nach Leben zu stillen. Auf diese Szene von der Öffnung des Herzens Jesu am Kreuz zielt das ganze Johannesevangelium. Die Erzählung vom Gespräch Jesu mit der Frau aus Samarien gipfelt in dieser Szene. Das Herz Jesu wird zum Brunnen, der uns das Wasser des ewigen Lebens spendet, nach dem sich die Samariterin so gesehnt hat. Auch die Erzählung von der Hochzeit zu Kana findet hier am Kreuz ihre Erfüllung. Bei der Hochzeit zu Kana werden sechs Krüge Wasser in Wein verwandelt. Das Herz Jesu ist gleichsam der siebte Krug, aus dem das Blut strömt, das unser Leben mit göttlicher Liebe erfüllt, aus dem wir den wahren Wein des Heiles trinken, den Wein der Liebe, der unserem Leben einen neuen Geschmack verleiht: eben den Geschmack der Liebe.

Die Kirchenväter haben diese Szene aus dem Johannesevangelium sehr geliebt. Schon sie haben Blut und Wasser als Bilder für die Liebe und für den Geist Jesu gedeutet. Wir sagen von einem Menschen, dass er sein Herzblut für uns gibt. Das ist Ausdruck tiefer Liebe. Diese Liebe strömt vom Kreuz herab in die ganze Welt, und so werden die ganze Welt, alle Menschen, aber auch die Materie von Gottes Liebe durchströmt. Teilhard de Chardin hat im Blick auf das offene Herz Jesu von Amorisation gesprochen. Alles wird von Liebe durchdrungen. Das bedeutet aber auch, dass wir überall dieser Liebe Gottes begegnen. Wir berühren sie, wenn wir eine Blume zärtlich streicheln, wenn wir uns an einen Baum lehnen, und wir treffen sie an auf dem Grund unserer Seele. Es ist eine Liebe, die mehr ist als ein Gefühl. Durch den Tod Jesu Christi ist sie zum Grundgesetz der Welt geworden. Darwin hat in seiner Evolutionstheorie die Durchsetzung des Stärkeren auf Kosten des Schwächeren verkündet. Heutige Evolutionsforscher sind überzeugt, dass nicht das Stärkere sich durchsetzt, sondern das, was die Beziehung zum anderen berücksichtigt. Diese Forscher entdecken die Liebe als das Grundgesetz der Welt. Auch politische Umbrüche, die zum Segen geworden sind, sind letztlich oft genug aus der Liebe erwachsen, mag es die Aufhebung der Apartheid in Südafrika gewesen sein oder der Fall der Mauer in Berlin. Zudem sind Gehirnforscher wie Gerald Hüther überzeugt, dass die Liebe die größte Triebfeder für Kreativität, aber auch für Heilung und Gesundung ist. Das Herz-Jesu-Fest will unseren Blick schärfen, damit wir die Liebe als das eigentliche Grundgesetz der Welt und des Menschen erkennen und dieser Liebe trauen. So verwandelt sich unser persönliches Leben, aber auch unser politisches Miteinander und die Erfahrung der Natur, in der wir die Liebe als den eigentlichen Grund erkennen können. Wenn wir dieser Liebe als dem Grundgesetz unseres Menschseins trauen, geschieht Heilung in uns.

Ritual

Lege deine Hand aufs Herz und spüre dich in dein Herz hinein. Welche Gefühle verbindest du mit deinem Herzen? Lass die Liebe in dein Herz hineinströmen und stelle dir vor, dass von deinem Herzen aus auch Liebe zu den Menschen strömt. Die Liebe ist mehr als Gefühl. Sie ist eine Kraft, eine Macht. Lass diese Liebe in den Raum strömen, in dem du gerade bist, zu den Pflanzen, zu den Tieren, zu den Menschen in deiner Umgebung, aber auch zu allen Menschen. Lass diese Liebe hinströmen an die Orte dieser Welt, an denen Hass und Zwietracht herrschen, an denen Krieg und Terror die Menschen schrecken. Vertraue darauf, dass die Menschen auch dort mit der Liebe in Berührung kommen, die auf dem Grund ihrer Seele bereitliegt und nach der sie sich alle sehnen.

Johannes der Täufer –
Sonnenwende

Am Fest Johannes des Täufers am 24. Juni feiern wir nicht nur den Heiligen, sondern gedenken auch der Sonnenwende. Unmittelbar zuvor datiert sich der längste Tag im Jahr, an dem die Sonne den höchsten Stand hat. Von hier an wird sie wieder abnehmen, bis sie dann um Weihnachten herum wieder zunimmt. Die Kirche hat jenen Folgetag dem Gedächtnis Johannes des Täufers geweiht wegen seines Wortes, mit dem er auf Christus hinweist: »Er muss wachsen, ich aber muss kleiner werden« (Joh 3,30). Es ist ein Motto, dass für jede Wende in unserem Leben gilt. Das Ego muss abnehmen, damit das wahre Selbst in uns wachsen kann. In jeder Wendezeit wird das Ego, das sich im Äußeren beweisen muss, schwächer, damit wir mehr in Berührung kommen mit unserem wahren Wesen. Die äußere Sonne, die uns im Sommer so ausgiebig scheint und uns wärmt, nimmt von jenen Tagen an ab, doch die innere Sonne, die jeder in seinem Herzen trägt – für die frühen Christen war die Sonne ein Bild für Christus, den Auferstandenen –, soll von nun an zunehmen.

In zahllosen Religionen gibt es eine Verehrung der Sonne. Die Griechen und Römer verehrten sie als die ordnende Kraft. Weil sie allen Menschen gleich scheint, gilt sie auch als Symbol für die Gerechtigkeit. Die frühe Kirche hat die römische und griechische Sonnenverehrung aufgegriffen und sie mit Jesus Christus verbunden. Er ist die Sonne der Gerechtigkeit, und man spricht von der Sonne der Auferstehung. So wie Christus von den Toten aufersteht, so steht die Sonne jeden Morgen aus dem Dunkel der Nacht auf. Daher hat man zu Beginn des Tages im Morgenlob (Laudes) und am Ende des Tages im Abendlob (Vesper) die Sonne besungen, die wie Christus aufgehen soll in unseren Herzen, um daraus alles Dunkle zu vertreiben.

Die Sonnenwende wurde in vielen Religionen gefeiert, oft mit kultischen Ritualhandlungen. Noch heute zünden viele Menschen am Fest Johannes des Täufers Feuer an. In meiner Jugend war es beliebt, dann über dieses Feuer zu springen. Das war eine besondere Mutprobe für die jungen Männer. In alten Zeiten wollte man mit diesen Sonnwendfeuern der Sonne neue Kraft zuführen, weil man glaubte, in der Sonnenwende würde sie schwächer werden. Damit diese Schwäche nicht zur Krise für die ganze Welt würde, zündete man Feuer an. Das, was die Menschen in diesen religiösen Kulten gefeiert haben, hat die Kirche aufgegriffen, ohne aber die magischen Elemente zu übernehmen. So hat sie die Sonnenwende als Bild dafür gesehen, dass dann, wenn die äußere Sonne abnimmt, Christus, die innere Sonne in uns, zunehmen soll.

Die Sonnenwende erinnert uns an die vielen Wendezeiten in unserem Leben. Wenden hat ja ganz offensichtlich mit Wandlung zu tun, und eine Wendezeit ist immer auch eine Zeit der Wandlung. In jedem Leben gibt es solche Zeiten, in denen wir nicht einfach fortsetzen können, was wir bisher gelebt haben. Die Wendezeiten sind gleichfalls immer auch Krisenzeiten, so die Wende in der Pubertät, in der Lebensmitte und schließlich bei der Beendigung der Arbeit im Ruhestand. Daher braucht es eine besondere Achtsamkeit, damit die Krisen zur Reifung führen und nicht in die Katastrophe. Die Sonnenwende lädt uns ein, die verschiedenen Wendezeiten unseres Lebens zu bedenken und Gott zu bitten,

Der Herr behütet dein Gehen und dein Kommen
Psalm 121, 8a+3b

Text: Münsterschwarzacher Psalter | © Vier-Türme GmbH, Verlag
Musik: Matthias E. Gahr | Rechte beim Autor

Dieser Liedruf wird mehrfach wiederholt und kann auch als Kanon für 2 Stimmen gesungen werden.

dass er in unserem Leben alles zum Guten wende.

Das, was die Menschen seit jeher mit der Sonnenwende verbunden haben, hat die Kirche in Johannes dem Täufer erfüllt gesehen. Er steht an der Wende vom Alten zum Neuen Testament. Jesus selbst sagt von Johannes: »Er ist der, von dem es in der Schrift heißt: Ich sende meinen Boten vor dir her; er soll den Weg für dich bahnen. Ich sage euch: Unter allen Menschen gibt es keinen größeren als Johannes; doch der Kleinste im Reich Gottes ist größer als er« (Lk 7,27f). Johannes steht zu Beginn des Heilsjahres, er kündigt es an. Wenn die Sonne abnimmt, nimmt gleichsam die alte Botschaft von der Umkehr und Buße ab und die Sonne der Barmherzigkeit, die in Jesus aufleuchtet, wird stärker. Johannes der Täufer steht für die Wendezeiten in uns. Auch in uns müssen alte Lebensmuster losgelassen werden. Was für die erste Lebenshälfte galt, das gilt nicht für die zweite Lebenshälfte. So hat es C. G. Jung in seinem Aufsatz über die Lebensmitte geschrieben. Die Kraft, mit der wir in der ersten Lebenshälfte unser Leben anpacken, muss verwandelt werden in Sensibilität. Das Verliebtsein, das uns in die Ehe führt, muss abgelöst werden durch eine innere Liebe, die nicht mehr so heiß ist wie die Sonne der ersten Liebe. Aber wenn die Liebe sich nicht wandelt, wird auch die Ehe nicht gelingen. Alles in unserem Leben muss sich wandeln, damit es lebendig bleibt: unsere Arbeit, unser Lebensstil, unsere Beziehungen, unser Umgang mit der Zeit. Was die Kirche mit Johannes dem Täufer und der Sonnenwende verbindet, ist somit ein Weg, damit unser Leben durch all die Wendezeiten und Wandlungen gelingt.

Ritual

Nimm den Johannestag zum Anlass, über Wendezeiten in deinem Leben nachzudenken. Wenn du deine Lebensgeschichte anschaust, wirst du im Nachhinein erkennen, wo sich etwas gewendet hat, wo etwas, das dir zuvor wichtig war, abgenommen und etwas anderes an Bedeutung gewonnen hat. Überlege, wie du diese Wendezeiten erlebt hast: in der Pubertät, in der Lebensmitte, beim Arbeitswechsel, bei Ortswechsel und Wohnungswechsel. Nun überlege dir: Was ist jetzt für eine Wende fällig? Was wandelt sich momentan in mir? Wo muss ich Altes loslassen, damit Neues werden kann? Wo muss ich mich von der Idee verabschieden, dass die Sonne immer noch höher steigt, dass ich immer noch mehr leisten oder erreichen sollte? Sage dir in alle diese Wendungen hinein: »Ich muss abnehmen, er aber – Christus in mir, mein wahres Selbst, meine innerste Wahrheit – muss zunehmen.«

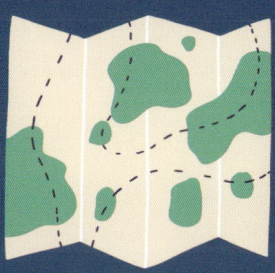

Im Wandel feiern – den Wandel feiern

Am längsten Tag des Jahres beginnt astronomisch gesehen der Sommer – und schon werden die Tage wieder kürzer, gehen wir auf den Winter zu. Diese Wende, die das Johannisfest markiert, erzählt viel über eine grundsätzliche Eigenschaft unseres Lebens. Das ständige Auf und Ab, das Wachsen und Schwinden, Werden und Vergehen gehört zu unserem Leben so notwendig wie die Luft, die wir atmen.
Erleben wir etwas Schönes, wünschen wir uns, es möge ewig bleiben. Freuen wir uns an endlosen Sommertagen, kann uns der dunkle und kalte Winter am liebsten gestohlen bleiben. Solche Erfahrungen machen auch schon Kinder. Zu verstehen, dass aber alles zum Leben gehört und notwendig ist, damit das Leben »rund« wird, ist eine wichtige Lernaufgabe. Regentage beispielsweise mögen für uns zwar manchmal doof sein, für Bäume und Pflanzen sind sie aber lebensnotwendig.
Alles ist im Fluss, und festhalten können wir nichts. Dass dies jedoch kein Grund ist, trübsinnig zu werden, lehrt uns die freudige Energie des Johannistages. Deshalb feiern wir den längsten Tag des Jahres, essen Erdbeerkuchen, bis uns der Bauch wehtut, plantschen im Bach, laden Freundinnen und Freunde ein und begrüßen die kürzeste aller Nächte mit einem leuchtenden Feuer.

Ein neuer Sommer

Eben noch träumte ich, Gott,
von den Dingen, die möglich sind.
Jetzt schenkst Du mir einen neuen Tag,
neues Licht an den weichenden
Rändern der Nacht,
einen neuen Himmel, in den ich
die Vögel meiner Hoffnung senden kann,
neuen Boden, der mir meine achtlosen
Schritte von gestern verzeiht.
Einen neuen Sommer,
der mein Herz zur Lebensfeier ruft,
die Fülle der Blüten,
die mich daran erinnert, dass ich erblühen darf,
duftende Früchte, die mich nähren
wie die Frucht tiefer Begegnung.
Sonnengold lachen die Menschen,
beseelt von der Leichtigkeit der Dinge,
von der Kostbarkeit jedes Augenblicks
im Heiligtum Deiner Schöpfung.
Alles ist Gnade.
Alles ist Segen,
wenn die Freude nicht anders kann,
als sich zu verschenken.

GIANNINA WEDDE

Mariä Heimsuchung –
Verwandlung durch Begegnung

Am 2. Juli feiern wir im Fest Mariä Heimsuchung das Geheimnis der Begegnung. Wir alle sehnen uns danach, uns so begegnen zu können, dass wir als Verwandelte aus der Begegnung herausgehen. Wie das geschehen kann, erzählt uns Lukas in der wunderbaren Geschichte von der Begegnung zwischen Maria und Elisabeth. Zwei schwangere Frauen treffen einander. Beide sind gesegneten Leibes, beides sind gesegnete Frauen. Maria, das junge Mädchen, macht sich auf den Weg. Die Erscheinung des Engels hat sie in Bewegung gebracht, sie geht über das Gebirge. Wenn wir einem Menschen begegnen, wenn wir wirklich in sein Haus, in sein Herz eintreten wollen, dann müssen wir über die Berge unserer Ängste und Befürchtungen, unserer Hemmungen und unserer Vorurteile schreiten. Auch müssen wir aus uns herausgehen, wir können nicht im eigenen Haus bleiben und uns nur aus dem Fenster lehnen. Wir müssen aus uns herausgehen, um beim anderen anzukommen. Darüber hinaus müssen wir alle unsere Sicherheiten loslassen. Begegnung ist immer ein Geheimnis, das uns ganz und gar fordert. Wir müssen uns mitbringen, so wie wir sind, ohne Masken und Rollen. Maria geht in das Haus, in dem Elisabeth wohnt, und grüßt sie. Das griechische Wort »aspasmos« meint »die Umarmung, die Liebkosung«. Künstler haben die Begrüßung oft so dargestellt, dass die beiden Frauen sich umarmen und miteinander eins werden. Nun gerät auch Elisabeth in Bewegung, das Kind in ihrem Leib hüpft. Das Kind steht für das ursprüngliche und unverfälschte Bild, das Gott sich von jedem von uns gemacht hat. Wenn wir einander wirklich begegnen, dann kommen wir in Berührung mit diesem einmaligen Bild, das Gott in uns hineingelegt hat, dann fallen all die Bilder von uns ab, die andere uns übergestülpt haben oder mit denen wir selber unser Urbild verstellen. Das Kind steht zudem für das Neue, das in uns geboren wird.

    Elisabeth wird nun vom Heiligen Geist erfüllt. Das Kind, das von Maria empfangen worden ist, ist vom Heiligen Geist, und nun geht der Heilige Geist auch auf Elisabeth über. In diesem Geist ruft sie mit lauter Stimme. Das ist ein Bild für die Wichtigkeit ihrer Aussage. Sie nennt Maria die am meisten gesegnete unter allen Frauen. Jede Frau ist also gesegnet, jede Frau steht unter dem Segen Gottes, aber in Maria ist dieser Segen Gottes am offenbarsten geworden. Da zeigt er sich in einem Kind, das die ganze Welt verwandeln wird. Segen hat immer mit Fruchtbarkeit zu tun. Wer gesegnet ist, der blüht auf, in dem wächst eine Frucht, die auch für andere Segen bringt. Segen hat ebenfalls mit Lobpreis zu tun. Das lateinische Wort »benedicere« meint: »Gutes sagen über jemanden«. Elisabeth segnet Maria, indem sie Gutes über sie ausspricht. Sie sagt von ihr, dass sie die Mutter ihres Herrn ist. Das ist eine Aussage, die wir auch voneinander machen dürfen. Jeder ist letztlich Mutter Christi. Die Kirchenväter sprechen davon, dass in jedem Menschen Christus geboren wird, dass jeder Mensch in seiner Seele zur Mutter Christi wird. Segnen heißt: die eigentliche Wirklichkeit eines Menschen ansprechen, das, was den Menschen eigentlich ausmacht. Eben das ist Christus in ihm, der göttliche Kern, das einmalige und einzigartige Bild, das Gott sich von ihm gemacht hat.

Elisabeth sagt zwei gute Dinge über Maria. Sie ist gesegnet unter allen Frauen und sie ist selig, weil sie geglaubt hat. Die Größe Marias zeigt sich in ihrem Glauben. Sie glaubt dem Wort, das Gott ihr zugesagt hat, lässt sich ein auf das Handeln Gottes an ihr. Das griechische Wort »makarios« heißt »glücklich« und ist eigentlich nur der Charakterisierung von Göttern vorbehalten. Maria hat als glaubende Frau Anteil an Gott, in den sie im Glauben hineingezogen wird. Gott vollendet an ihr, was er ihr verheißen hat. Hier benutzt Lukas das einzige Mal in seinem Evangelium das Wort »teleiosis«, »Vollendung, Erfüllung, Ganzwerden«. Maria wird im Glauben an das Wort Gottes auch als Mensch vollendet, ganz. Sie kommt zu sich selbst, sie findet ihre wahre Gestalt. Maria ist ein Bild der Hoffnung, dass auch wir wie sie vollendet und ganz werden. Die Voraussetzung dafür ist, dass wir wie sie glauben, dass wir mit ihr Gott zutrauen, dass er unser Leben gelingen lässt. Dann dürfen wir mit Maria sprechen: »Siehe, von nun an preisen mich selig alle Geschlechter. Denn der Mächtige hat Großes an mir getan …« (Lk 1,48f).

Das Fest Mariä Heimsuchung will uns einladen, die Begegnungen unseres Alltags bewusster zu erleben. Die Begegnung mit einem Menschen verwandelt uns dann, wenn wir wie Elisabeth beim anderen stehen bleiben, ihm unser Gesicht zuwenden und das ansprechen, was in ihm die eigentliche Wirklichkeit ist, nämlich dass er Mutter Christi ist, dass er letztlich Christus in sich trägt. Gelingen wird die Begegnung, wenn wir den anderen segnen, das heißt, das Gute in ihm ansprechen. Wenn wir ein gutes Wort für ihn haben, wird es in ihm zum Segen, wird es das Gute in ihm wecken.

Ritual

Heute wirst du sicher Menschen begegnen. Überlege dir, welche Begegnung dir heute besonders wichtig ist. Dann stelle dir vor: Du gehst ganz langsam auf diesen Menschen zu. Du schaust ihn an, während du auf ihn zuschreitest. Dann bleibst du vor ihm stehen und versuchst, diesen Menschen mit Augen anzuschauen, die nicht bewerten, sondern die das Geheimnis in diesem Menschen sehen, die das göttliche Kind in ihm entdecken, das Ursprüngliche und Unverfälschte in ihm. Dann stelle dir vor: Du sprichst mit ihm. Was würdest du ihm oder ihr sagen, wenn du ganz bei dir bist und ganz offen für das Geheimnis des anderen? Stelle dir in der Fantasie vor, wie die Begegnung mit diesem Menschen ablaufen könnte. Wenn du dann heute auf diesen Menschen triffst, kann dir die Fantasieübung helfen, ihm bewusster und achtsamer zu begegnen. Vielleicht wird dann etwas vom Geheimnis der Begegnung zwischen Maria und Elisabeth auch in deiner Begegnung erfahrbar.

Verklärung –
Verwandlung durch das innere Licht

Die Bilder der Feste im Kirchenjahr wollen sich in uns einformen, um uns zu verwandeln. In der Beschreibung der Verklärung Jesu sprechen die Evangelisten ausdrücklich von Verwandlung, von Metamorphose. Das Antlitz Jesu wird verwandelt, und es strahlt Licht aus. Verwandlung meint, dass hier sein wahres Bild aufleuchtet. Die Jünger haben Jesus in ihrem Alltag nicht wirklich erkannt. Sie haben seine Wunder gesehen und ihn verehrt, aber dann hat die alltägliche Sicht ihren Blick wieder verdunkelt. Auf dem Berg der Verklärung sehen sie nun Jesu Antlitz in seiner Klarheit. Da klärt sich alles auf, und das innere Licht strahlt aus dem Antlitz aus. Das ist für die Jünger eine erhebende Erfahrung. Petrus möchte diese Erfahrung festhalten, indem er bereit ist, gleich drei Hütten zu bauen, jeweils eine für Jesus, für Mose und für Elija, die sie im Lichtglanz nebeneinanderstehen sehen.

Der Evangelist Lukas zeigt uns einen Weg, wie auch wir verwandelt werden können, sodass in uns das wahre Antlitz aufleuchtet, dass wir in Berührung kommen mit dem ursprünglichen Bild, das Gott sich von uns gemacht hat. Er sagt: »Und während er betete, veränderte sich das Aussehen seines Gesichtes, und sein Gewand wurde leuchtend weiß« (Lk 9,29). Das heißt: Wenn wir beten, können auch wir in Berührung kommen mit dem inneren Licht, das in uns leuchtet. Für Evagrius Ponticus ist das eigentliche Ziel des Gebetes, dass das innere Licht in uns aufleuchtet, das Gott in unsere Seele hineingelegt hat. Dieses Licht ist oft verdunkelt durch unsere Fehler und Schwächen. Wenn wir uns im Gebet ganz und gar auf Gott hin ausrichten, wenn wir ihm alles in uns hinhalten, dann kann alles in uns von seinem Licht durchdrungen werden. Dann leuchtet auf einmal Gottes Licht durch unsere Augen hindurch und unser Gesicht bekommt etwas Strahlendes. Lukas spricht auch vom Gewand, das leuchtend weiß wird. Für mich ist das ein Bild dafür, dass der ganze Leib eine helle Ausstrahlung bekommt. Von einem solchen Menschen, der durch das

Gebet verwandelt worden ist, der ganz und gar von Gottes Licht durchdrungen ist, geht etwas Leuchtendes und Strahlendes aus. Wir sagen manchmal von jemandem, der in den Raum kommt: »Durch dich wird der Raum heller. Du strahlst etwas aus, was uns guttut.« Lukas ist überzeugt, dass der Mensch, der das Licht Gottes in sich eindringen lässt, eine helle Ausstrahlung bekommt. Für den Evangelisten gibt das Auge dem Körper Licht, durch das Auge fällt das Licht von außen in den Körper. »Wenn dein Auge gesund (im Griechischen: »haplous = einfach, klar«) ist, dann wird auch dein ganzer Körper hell sein ... Wenn dein ganzer Körper von Licht erfüllt und nichts Finsteres in ihm ist, dann wird er so hell sein, wie wenn die Lampe dich mit ihrem Schein beleuchtet« (Lk 11,34.36). Das Licht kann den ganzen Leib verwandeln, sodass unser wahres Selbst, das einmalige und unverfälschte und ungetrübte Bild Gottes durch unseren Leib hindurch auf die Menschen ausstrahlt.

Das Ziel der Verwandlung ist immer, dass unser wahres Wesen zum Vorschein kommt. Es geht immer um die Verwandlung vom Uneigentlichen zum Eigentlichen, vom Schein zum Sein, von der Verdunkelung zur Erhellung, vom Dunklen zum Licht. Der Weg zu dieser Verwandlung ist für Lukas einmal das Aufsteigen auf den Berg. Auf dem Berg sind wir Gott und auch unserem eigentlichen Selbst näher. Da fällt die Verwicklung in oberflächliche Geschäfte und Sorgen weg, da leuchtet schon das Eigentliche in uns auf. Zum anderen ist für Lukas das Gebet ein wichtiger Ort, an dem wir Verklärung erfahren können. Gebet heißt, dass wir alles, was in uns ist, in das Licht Gottes halten. Wenn wir alles Gott hinhalten, kann sein Licht auch alles erleuchten. Nicht nur unser Auge, sondern auch unser ganzer Leib strahlt dann Licht aus.

Erhart Kästner hat in seinem Buch »Die Stundentrommel vom heiligen Berg Athos« das Geheimnis der Verklärung schön beschrieben. Er erzählt, wie sein griechischer Führer ihn in Saloniki in die Kirche Dodeka Apostoloi führt und ihm dort die kostbaren Mosaiken zeigt. Was ihn besonders berührt hat, war die Darstellung der Verklärung Christi. Er meint, dass die Griechen diese Geschichte von der Verklärung besonders lieben und sie öfter darstellen als die Auferstehung. Die Verklärung ist gleichsam eine vorweggenommene

Auferstehungsgeschichte. Kästner meint weiter, jeder würde in seinem Herzen verstehen, was Verklärung meint: »Wenn anders Verklärung der Durchbruch des Eigentlichen durchs Schemenhafte, des Lebendigen durch die Schatten, des Geliebten durchs Ungeliebte und die Ankunft des Langerwarteten ist, so weiß jeder, dass solche Momente es sind, um derentwillen wir leben. Verklärung ist Durchschein des Urbilds. Das wird von jedem Geborenen erhofft. Wir leben auf Verklärungen zu, worauf sollten wir sonst, es ist unsere angeborene Hoffnung.« Wir alle haben schon einmal erfahren, »wenn sich uns ein Mensch, eine Heimat, ein Wort, ein im Vertrauen gesprochener Satz, wenn sich uns eine Stunde verklärt«. Er schließt seine Gedanken über die Verklärung mit den Sätzen: »Verklärung gehört zu unserer Erfahrung, sie gehört zu unserem Leben. Mit ihr beginnt erst das Leben«. (Stundentrommel 25) Für mich ist das eine schöne Beschreibung dessen, was wir am Fest Verklärung feiern. Wir feiern, dass sich uns im Gedenken an die Verklärung Jesu auf dem Berg Tabor auch unser Leben verklärt, dass etwas klar wird in unserem Denken und Fühlen, dass das Geheimnis von Heimat und Liebe uns auf einmal klar aufleuchtet. Dann ist unsere tiefste Sehnsucht gestillt, dann fühlen wir uns verwandelt, daheim, verklärt, dann klärt sich alles auf und wir schauen klar auf uns und unser Leben.

Ritual

Wenn du heute oder in den nächsten Tagen Zeit findest, dann steige auf einen Berg. Du musst nicht erst ins Gebirge fahren, vielleicht findest du in deiner Nähe einen Hügel oder Berg. Gehe ganz langsam hinauf und lasse beim Aufstieg alle Sorgen los, gehe dich frei von allem, was dich bedrückt. Wenn du oben angekommen bist, setze dich einfach still hin. Lasse die schöne Aussicht auf dich wirken. Dann schau in dich selbst hinein. Stelle dir die Szene der Verklärung vor. Aber nun bist du es selbst, der zu leuchten beginnt. Lass das Licht, das dich auf dem Berg umgibt, in dich eindringen. Traue dich zu sagen: Ich bin das Licht Gottes. In mir möchte Gottes Licht in dieser Welt aufleuchten. Vielleicht erfährst du dich dann auf andere Weise als im Tal deines gewöhnlichen Alltags.

Mariä Himmelfahrt –
Der Schönheit Raum geben

Am 15. August, auf dem Höhepunkt des Sommers, feiert die Kirche das Fest Mariä Himmelfahrt. Es ist ein altes Schnitterinnenfest; die Ernte ist eingebracht. Die Ernte war in alten Zeiten immer Sache der Frauen, während der Mann auf die Jagd ging. Im Inhalt durch das Geheimnis der Aufnahme Mariens in den Himmel auf neue Weise gedeutet, hat die Kirche das alte Frauenfest aufgegriffen. Wir feiern an diesem Tag, dass Maria in ihrem Tod mit Leib und Seele in den Himmel aufgenommen wurde. Ich möchte wieder nur zwei Bilder herausgreifen, die an diesem Fest für uns heilsam sind.

Da ist einmal eben jenes Bild, dass Maria mit Leib und Seele in den Himmel aufgenommen wurde. Maria ist Typus für den erlösten Menschen. Von ihr wird also das ausgesagt, was für uns alle gilt und was wir jeden Sonntag im Apostolischen Glaubensbekenntnis äußern: »Ich glaube an die Auferstehung des Fleisches (carnis resurrectionem) und das ewige Leben.« Wir feiern somit, dass wir im Tod mit Leib und Seele zu Gott kommen werden. Natürlich wird unser Leib verwesen, aber Leib meint hier den einmaligen Menschen, die Person, die auf einzigartige Weise in diesem Leib sichtbar wird. Im Leib drückt sich unsere Seele aus, in ihm äußern wir unsere Freude und unsere Trauer, unsere Angst und unser Vertrauen. Er ist der Gedächtnisspeicher aller Erfahrungen, die wir in unserem Leben gemacht haben. Wenn wir mit Leib und Seele in den Himmel kommen, so bedeutet das: Dieser einmalige Mensch, so, wie er sich in seinem unverwechselbaren Leib ausdrückt, wird zu Gott kommen. Unsere Seele wird nicht einfach im Meer des Göttlichen versinken, vielmehr wird die einmalige Person mit ihrer Lebensgeschichte in Gott hinein gerettet. Es ist also ein sehr optimistisches Fest, das uns eine neue Sicht unseres Leibes vermittelt. Er hat eine göttliche Würde, in ihm drückt sich das Wesen unserer Person aus. Diese Person aber wird mit ihrer leibhaften Darstellung für immer in Gott gerettet sein. Natürlich braucht es die Verwandlung durch den Tod, damit dieser Leib in einen himmlischen Leib verwandelt wird, wie es Paulus im 1. Korintherbrief ausdrückt: »Gesät wird ein irdischer Leib, auferweckt ein überirdischer Leib … Denn dieses Vergängliche muss sich mit Unvergänglichkeit bekleiden und dieses Sterbliche mit Unsterblichkeit« (1 Kor 15,44.53).

Das zweite Bild, das ich betrachten möchte, ist das Bild der Schönheit. Maria wird als schöne Frau beschrieben. In der Lesung aus der Offenbarung des Johannes heißt es: »Dann erschien ein großes Zeichen am Himmel: eine Frau, mit der Sonne bekleidet; der Mond war unter ihren Füßen und ein Kranz von zwölf Sternen auf ihrem Haupt« (Offb 12,1). Die Sonne steht für den Glanz, mit dem sich Maria umkleidet, der Kranz von zwölf Sternen auf ihrem Haupt zeigt ihre königliche Würde. In vielen Gegenden tragen die Frauen zum Gottesdienst an diesem Festtag ihre Tracht an. Sie machen sich bewusst schön, und ihre Tracht spiegelt Sonne, Mond und Sterne wider. Indem wir die Schönheit Mariens feiern, freuen wir uns an unserer eigenen Schönheit. Wir machen uns schön, weil wir an die eigene Schönheit glauben, die Gott uns geschenkt hat. »Schön« kommt, wie oben bereits erwähnt, von »schauen«. Jeder Mensch ist schön, der sich liebevoll anschaut, wir schauen uns und einander liebevoll an und entdecken so unsere eigene Schönheit und die Schönheit der anderen. Wie ebenfalls bereits erwähnt, hat »schön« auch einen Bezug zu »schonen«. Indem wir schonend, achtsam, behutsam miteinander umgehen, lassen wir die Schönheit einfach sein, ohne sie zu bewerten. Der Sommer lädt uns ein, uns unserer Schönheit zu erfreuen. Das Fest Mariä Himmelfahrt drückt diese Sehnsucht nach Schönheit in wunderbarer Weise aus.

Maria vereinigt in sich die Schönheit des ganzen Kosmos. Dieses Bild der kosmischen Schönheit wird durch einen Brauch ausgedrückt, der dieses Fest in vielen Gegenden auszeichnet. Da werden Kräuterbüschel im Gottesdienst gesegnet. Der Vater oder die Mutter sucht mit den Kindern in der Natur Heilkräuter und schöne Blumen. Daraus bindet dann die ganze Familie Kräuterbüschel, die in die Kirche mitgenommen, dort geweiht und wieder mit nach Hause getragen werden. Diese Kräuterbuschen bestehen aus einer bestimmten, aber lokal variierenden Anzahl von Heilkräutern und verbinden in sich die

Schönheit der Schöpfung und die heilende Kraft der Natur. Mariä Himmelfahrt ist ein optimistisches Fest. Es zeigt uns, dass Gott uns durch die Schönheit seiner Schöpfung heilt und durch die Kräfte, die er in die Kräuter der Natur hineingelegt hat.

Das Fest bringt uns mit zwei heilsamen Bildern in Berührung, mit dem Bild der Auferstehung und der Würde unseres Leibes, der für immer in Gott hinein gerettet wird; und dann mit dem Bild der Schönheit, die sich in unserem Leib widerspiegelt, die uns aber in der ganzen Schöpfung begegnet und uns an diesem Tag gerade in den festlich gekleideten Menschen aufstrahlt. Wir feiern unsere Schönheit. Das tut unserer Seele und unserem Leib gut. Wir legen all die kritischen Selbsteinschätzungen ab, trauen der Schönheit, die Gott in uns hineingelegt hat. Das gibt uns Selbstvertrauen und Dankbarkeit. Wir dürfen uns zeigen, wie wir sind, denn Gott hat uns als schöne Menschen erschaffen, die einander mit ihrer Schönheit anstecken und sie dankbar genießen.

Ritual

Überlege, welche Heilkräuter in deiner Umgebung wachsen. Nimm dir Zeit, Heilkräuter zu suchen und schöne Blumen, um die herum du die Heilkräuter zu einem Kräuterbuschen zusammenbindest. Bringe deinen Kräuterbuschen mit in den Gottesdienst und lasse ihn segnen. Dann nimm ihn mit nach Hause. Meditiere die Kräuter und Blumen. Lass die Schönheit auf dich wirken. Stelle dir vor, dass Gottes Segen dich und dein Leben mit Schönheit beschenkt hat, und vertraue darauf, dass Gottes Segen deine Verletzungen und Krankheiten heilt. Dann gönne dir am heutigen Tag einen Spaziergang durch die Natur. Setze dich an einen ruhigen Platz und betrachte die Schönheit der Landschaft. Lasse die Schönheit in dich eindringen und vertraue darauf, dass sie dir guttut, dass – wie Dostojewski sagt – Schönheit die Welt rettet und heilt.

»Kräuterbuschen« sammeln

Ein Sammelspaziergang über die Wiesen an Mariä Himmelfahrt oder kurz davor ist auch mit Kindern eine gute Idee. Selbst wenn das Fest im Familienalltag in der Regel keine große Rolle spielt, ist es doch ein guter Anlass, beim gemeinsamen Umherstreifen mithilfe eines Kräuterbestimmungsbuches etwas über die Bedeutung und Heilwirkung der Blumen und Kräuter herausfinden und zu Hause einen bunten Strauß aus ihnen zu binden.

Welche Blumen und Kräuter genau in die »Kräuterbuschen« oder »Mariensträuße« gehören, die dann im Gottesdienst gesegnet werden, unterscheidet sich von Region zu Region. Eine alte Tradition sieht eine Königskerze in der Mitte vor, die umgeben ist von Pfefferminze, Wermut, Schafgarbe, Arnika, Kamille, Johanniskraut, Baldrian und Tausendgüldenkraut. Andere Quellen betonen, dass auf jeden Fall eine Rose als Königin der Liebe dabei sein muss und ebenso Gänseblümchen, weil sie an Marias Bescheidenheit erinnern. Auch die Angaben zur Anzahl der verschiedenen Pflanzen variieren stark von sieben (in Anlehnung an die sieben Schöpfungstage) bis 99 (33 x 3 als Symbol für die Dreifaltigkeit).

Aber so genau muss man es ja nicht unbedingt nehmen. Zusammen unterwegs zu sein und die gemeinsame sinnliche Erfahrung, Kräuter und Blumen zu pflücken, zu riechen und etwas über ihr Wesen und ihre Heilwirkung zu erfahren, ist viel wichtiger als streng einer bestimmten Tradition zu folgen.

Kräutersalat mit Ei

für 4 Personen

Zutaten
- 4 Eier
- 200 g gemischte Kräuter und essbare Blüten (Petersilie, Kerbel, Dill, Sauerampfer, Kapuzinerkressen, Ringelblumen, Gänseblümchen etc.)
- 2 EL weißer Balsamicoessig
- 2 TL Senf
- 2 TL Honig oder Agavendicksaft
- Salz und Pfeffer
- 2 EL Sonnenblumenöl

Die Eier wachsweich kochen und abschrecken. Balsamicoessig, Senf, Honig bzw. Agavendicksaft und Gewürze mischen und zum Schluss das Öl unterrühren und abschmecken. Die Kräuter und Blüten waschen, trockentupfen und je nach Sorte die Blättchen abzupfen oder grob hacken. Die Eier schälen und halbieren. Kräuter und Vinaigrette mischen und mit den Eihälften garnieren. Dazu schmeckt frisches Bauernbrot mit Butter.

Mariä Geburt und Mariä Namen –
Neu geboren werden

Vom 15. August an feierten die Frauen früher den »Frauendreißiger«, der bis zu den drei Marienfesten im September reichte: Mariä Geburt am 8. September, Mariä Namen am 12. September und Mariä Sieben Schmerzen am 15. September. Das war die Monatsfrist der Frauen, die Wochen, in denen sie vor allem ihre Heilkräuter sammeln sollten, da diese zu jener Zeit mit Duft- und Wirkstoffen angereichert werden. Typische Frauenheilpflanzen sind: die Königskerze, die Schafgarbe, der Haselnusszweig, der Beifuß, der Frauenmantel, das Mädesüß, der Engelwurz, die Wegwarte und das Johanniskraut.

Am Fest Mariä Geburt gedenken wir nicht nur der Geburt Mariens, deren Datum wir ja nicht kennen, sondern wir feiern auch das Geheimnis unserer eigenen Geburt. Wir sind geboren – nicht nur aus dem Samen unserer Eltern, sondern aus Gottes Samen. Gott hat uns gewollt, hat uns im Mutterschoß geformt, hat uns – wie Maria – wunderbar gestaltet. Es ist ein Geschenk, dass wir geboren sind. Mit uns hat Gott eine Absicht verwirklicht. Am Fest der Geburt Mariens meditieren wir im Blick auf Maria das Geheimnis unseres eigenen Lebens, die Einmaligkeit unserer Person. Wir lassen uns von diesem Fest einladen, unsere eigene Geburt zu bedenken. Wie waren wir, als wir geboren wurden, als noch das ganze Leben vor uns lag, als wir noch nicht geprägt waren durch die Erwartungen unserer Eltern? Wie waren wir, als wir noch ein unbeschriebenes Blatt waren? Was wünschen wir diesem neugeborenen Kind, das wir einmal waren?

Diese Meditation setzen wir fort am Fest Mariä Namen, das vier Tage nach dem Fest Mariä Geburt gefeiert wird. Wir bedenken unseren eigenen Namen. Die Deutung des Namens Maria ist nicht festlegbar. Es gibt insgesamt sechzig verschiedene Interpretationen, die von »Die von Gott Geliebte« bis zu »Herrin«, »Schöne« und »Stern des Meeres« reichen. Doch gerade die hier herrschende Ungewissheit verweist uns auf das Geheimnis unseres eigenen Namens. Jeder von uns ist von Gott bei seinem Namen gerufen worden. Unsere Eltern haben uns einen Namen gegeben und mit diesem Namen die Hoffnung verbunden, dass wir etwas von dem verwirklichen, was er ausdrückt. Manche Eltern dachten dabei mehr an die Verwandten und Vorfahren, die diesen Namen getragen haben: Der Geist dieser Menschen sollte in ihren Kindern weiterwirken. Andere dachten an die etymologische Bedeutung des Namens. Anselm, mein Name, bedeutet z. B. »der von Gott Geschützte«. Oder aber sie dachten an den Heiligen oder die Heilige, nach denen sie die Kinder benannten. Dann drückten sie damit ihre Hoffnung aus, dass ihr Kind etwas von dem verwirklicht, was der/die Heilige vorgelebt hat.

Beide Feste verweisen uns auf das Geheimnis unserer je einmaligen Person. Wir sind aus Gott geboren, und er selbst hat uns mit einem Namen genannt; wir sind gewollt, mit Namen angesprochen. In dem Namen, den wir tragen, hat sich die ganze Liebe gesammelt, die Menschen beim Rufen dieses Namens in ihn hineingelegt haben. So fühlen wir uns in unserem Namen geliebt und als dieser einmalige Mensch wahrgenommen. Indem wir Maria feiern, feiern wir immer auch uns selbst Marienfeste sind tendenziell optimistische und zugleich spielerische Feste. Wir spielen uns hinein in das Geheimnis unseres Menschseins und unserer Erlösung, gehen spielerisch um mit uns selbst, suchen immer neue Bilder, um das Geheimnis unseres Lebens zum Ausdruck zu bringen.

Ritual

Stelle dir deine Geburt vor: Du bist noch ein unbeschriebenes Blatt. Alles liegt vor dir. Wenn du heute neu geboren würdest, was würdest du dir für dich wünschen? Kannst du dankbar sein für dein Leben, das du seit deiner Geburt gelebt hast? Dann meditiere deinen Vornamen. Welche Gefühle tauchen in dir auf, wenn du deinen Namen heute hörst? Was haben deine Eltern, deine Geschwister, deine Freunde in diesen Namen hineingelegt? Spüre die Liebe, die in deinem Namen verdichtet ist. Dann frage dich: Was fällt mir zu meinem Namen ein? Was ist die etymologische Bedeutung meines Namens? Welcher Heilige ist mein Namenspatron? Was sagt er oder sie über mich und meine Möglichkeiten aus? Dann sage dir selbst laut deinen Namen vor. Sage dir nicht nur vor: »Ich heiße Anselm oder Barbara oder Monika«, sondern: »Ich bin Anselm, ich bin Barbara, ich bin Monika.« Nun wirst du das Geheimnis deiner Person erahnen.

Sommerlicher Hefezopf

Der Hefeteig für den Königskuchen (siehe S. 66) eignet sich ebenso gut für einen sommerlichen Hefezopf. Statt eines runden Kuchens formt man aus dem fertigen Teig drei Stränge, die zu einem Zopf geflochten werden. Wer mag, kann ganze Mandeln auf dem Zopf verteilen und etwas andrücken. Die Backzeit bleibt ungefähr gleich wie auf S. 76 beschrieben.
Wenn der Zopf erkaltet ist, mit Zuckerguss bepinseln und getrocknete oder frische Blättchen von essbaren Blüten (Rosen, Ringelblumen, Kornblumen ...) darüberstreuen.

DER HERBST

Der Herbst steht für das Alter und zeigt uns, dass das Älterwerden nicht nur eine Last ist, sondern seine eigene Schönheit hat. Einmal handelt es sich hier ja um die die Jahreszeit der Ernte. Das Alter ist auch die Zeit der Ernte. Unser Leben hat Frucht getragen, andere konnten die Frucht, die in unserem Leben gewachsen ist, genießen und sich davon nähren. Der Herbst ist die Zeit der bunten Blätter, die langsam von den Bäumen fallen. Seine Farben sind die buntesten Farben im ganzen Jahr. Im Alter kommen wir mit der eigenen Buntheit in Berührung. Die Herbstfarben aber sind auch milde Farben und stehen somit zudem für die Milde des Alters. Indem wir auf die herbstlichen Bäume mit ihren fallenden Blättern schauen, können wir uns in unserem Älterwerden erkennen. Diese Jahreszeit lädt uns ein, die eigene Buntheit zuzulassen, dankbar zu sein für das, was in uns gewachsen ist, sie hält uns aber zugleich an, uns loszulassen, unsere Kraft, unsere Gesundheit, unsere Rolle, unsere Bedeutung loszulassen.

Der Herbst hat zwei Hälften: Die erste reicht bis zum 1. November. Da überwiegt die Buntheit und Milde. Man spricht von einem goldenen Oktober, weil die Sonne die bunten Blätter vergoldet. Danach aber überwiegt der bedrückende Aspekt des Herbstes. Die Bäume sind kahl geworden, Nebel und Regen herrschen vor. Der graue November als der Totenmonat erinnert uns an den eigenen Tod. Rainer Maria Rilke hat beide Aspekte des Herbstes in zwei Gedichten treffend zum Ausdruck gebracht.

Im Gedicht »Herbsttag« spüren wir noch etwas von der Schönheit des Herbstes:

»Herr: es ist Zeit. Der Sommer war sehr groß.
Leg deinen Schatten auf die Sonnenuhren,
und auf den Fluren lass die Winde los.

Befiehl den letzten Früchten voll zu sein;
gib ihnen noch zwei südlichere Tage,
dränge sie zur Vollendung hin und jage
die letzte Süße in den schweren Wein.

Wer jetzt kein Haus hat, baut sich keines mehr.
Wer jetzt allein ist, wird es lange bleiben,
wird wachen, lesen, lange Briefe schreiben
und wird in den Alleen hin und her
unruhig wandern, wenn die Blätter treiben.«

Das berühmte Gedicht »Herbst« bezieht sich auf die fallenden Blätter und sieht darin ein Bild für uns, die wir im Tod in Gottes sanfte Hände fallen:

»Die Blätter fallen, fallen wie von weit,
als welkten in den Himmeln ferne Gärten;
sie fallen mit verneinender Gebärde.

Und in den Nächten fällt die schwere Erde
aus allen Sternen in die Einsamkeit.

Wir alle fallen. Diese Hand da fällt.
Und sieh dir andre an: es ist in allen.

Und doch ist Einer, welcher dieses Fallen
unendlich sanft in seinen Händen hält.«

Die Feste, die die Kirche im Herbst feiert, nehmen all diese Aspekte jener Jahreszeit auf und sehen darin ein Bild für das Wirken Gottes an uns und ein Bild für unseren eigenen Weg der Menschwerdung.

Michaeli –
Beistand in der Not

Am 29. September feiert die Kirche das Fest der drei Erzengel: Michael, Gabriel und Raphael. In zurückliegenden Zeiten – und in der evangelischen Kirche auch heute noch – bezog man sich unter dieser Troika zu diesem Termin nur auf den heiligen Erzengel Michael. Das Michaelifest hat seit dem frühen Mittelalter eine wichtige Rolle im kirchlichen Festkalender gespielt. Es datiert nicht umsonst auf den Übergang vom Sommer zum Herbst. Ursprünglich war dieser Tag in der Landwirtschaft ein bäuerlicher Zahltag und Feiertermin.

Michael hat in der biblischen Tradition drei Aufgaben: Er ist der Schutzengel, der das Volk Israel schützt, und wurde auch im Christentum zum Schutzengel einer Stadt oder eines ganzen Landes erwählt. Eine wichtige Rolle spielt Michael im Endgeschehen, wenn er gegen den Satan kämpft und dem Gutem zum Sieg verhilft. Schließlich ist der Erzengel auch der Geleiter der Seelen in die jenseitige Welt. Das findet heute noch im Offertorium des Requiems seinen Widerhall, denn da wird Michael als der Bannerträger besungen, der die Seelen in das heilige Licht geleiten möge. Sein Name heißt übersetzt: »Wer ist wie Gott?« Er kämpft an unserer Seite, damit alles, was in uns an die Stelle Gottes treten möchte, wie Erfolg, Reichtum, Anerkennung und das eigene Ego, entmachtet wird. Michael stellt uns immer wieder vor die Herausforderung, uns eindeutig für Gott zu entscheiden und uns von allem zu lösen, was uns am Leben hindert.

Gemeinsam mit Michael werden zwei andere Engel gefeiert, von denen uns die Bibel erzählt. Da ist zunächst Raphael, dessen Name »Gott heilt« bedeutet. Der Engel Raphael begleitet den jungen Tobias auf seiner Reise, die in die Eheschließung mit Sara mündet, und auf seinem Rückweg zu den Eltern. Dieser Engel heilt die Beziehung zwischen Mann und Frau und die Beziehung zwischen Eltern und Kindern. Dem jungen Tobias zeigt er, wie die Liebe zur Frau gelingen kann, und er gibt ihm Mut, die Augen seines Vaters zu heilen, sich aber auch vom Vater abzugrenzen, damit er ihn dann in Liebe umarmen kann. Raphael ist weiterhin der Wegbegleiter, der beim Reisesegen angerufen wird, damit er uns sicher ans Ziel und wieder nach Hause geleitet.

Gabriel (»Gott ist stark«) ist der Verkündigungsengel. Er kündet Zacharias die Geburt eines Sohnes an, trotz des hohen Alters seiner Frau Elisabeth. Zacharias zweifelt an dieser Verheißung und verstummt daher neun Monate lang. Er muss schweigend alle seine Vorurteile auflösen, damit die Botschaft des Engels Wirklichkeit werden kann. Maria hingegen, der Gabriel die Geburt eines Sohnes verheißt, obwohl sie keinen Mann erkennt und nicht verheiratet ist, glaubt dem Engel. So steht der Engel Gabriel in unserem Leben für das Neue und Unwahrscheinliche, das Gott uns zutraut, er sagt uns Dinge, die wir selbst nicht für möglich halten. Wie Maria sollen wir dem Engel trauen, dann wird auch in uns ein göttliches Kind geboren, und wir kommen in Berührung mit dem ursprünglichen Bild, das Gott sich von uns gemacht hat.

Das Fest der Erzengel will uns daran erinnern, dass Gott uns seine Boten schickt, dass er uns begleitet. Wir sind nicht alleingelassen auf unserem Weg. Die Engel stehen uns bei, wenn wir in Not geraten. Michael tritt uns zur Seite, wenn wir gefährdet sind durch innere oder äußere Feinde. Raphael begleitet uns auf unseren Wegen und schützt uns, damit wir heil ankommen. Gabriel begegnet uns, wenn unser Leben stockt, wenn wir innerlich vertrocknen, und verkündet uns, dass Gott etwas Neues in uns schafft, dass Gott selbst in uns geboren werden will, um alles in uns zu erneuern.

Ritual

Betrachte Bilder des Erzengels Michael. Vielleicht findest du ein Bild, auf dem Michael den Drachen vom Himmel stürzt, oder aber ein Bild, auf dem er die Verstorbenen über die Schwelle des Todes in Gottes Herrlichkeit hineinführt. Lasse diese Bilder in deine Seele eindringen. Sie geben dir das Vertrauen, dass dich kein Drache verschlingen wird, dass das Böse keine Macht über dich gewinnt. Die Bilder wollen dir auch die Angst vor dem Tod nehmen. Der Engel Michael wird dich sicher über die Schwelle des Todes geleiten. Du musst nicht allein durch das dunkle Tor des Todes, ein machtvoller Engel begleitet dich und führt dich zu Gott, damit du in Gott für immer geborgen bist.

Kein sanfter Heiliger

Der Erzengel Michael ist nach der Überlieferung jener Engel, der Adam und Eva aus dem Paradies vertrieb, der mit Jakob rang, für das Volk Israel das Rote Meer teilte, der mit dem Teufel um die Seele von Mose kämpfte und beim Jüngsten Gericht den Drachen (als Symbol für die bösen Mächte) in den Abgrund stürzt. Im Unterschied zu vielen anderen Festen im Kirchenjahr, bei denen es doch eher sanft zugeht, ist am Gedenktag des Erzengels Michael also ziemlich viel Energie im Spiel. Während diese Geschichten für die Erwachsenen manchmal allzu martialisch klingen, sind Kinder durchaus fasziniert davon.

Wer Kinder hat, weiß, dass es immer wieder Phasen gibt, in denen Kämpfen und Waffen große Bedeutung haben. Vor allem Jungs können voller Hingabe Waffen aus Lego oder Stöcken konstruieren, ausdauernd herumballern, sich gegenseitig »töten« und lautstarke Kämpfe ausfechten. Der Spaß an solchen Kampf- und Schießspielen ist ein normaler Entwicklungsschritt. Es geht ganz grob gesagt darum, spielerisch eigene Macht und Stärke zu erleben, sich mit Ohnmachtsgefühlen und Ängsten auseinanderzusetzen und im Spiel bedrohliche Fantasien zu »besiegen«. Dem Michaelsfest in der Familie einen Platz zu geben, kann deshalb gerade Jungs hilfreiche Identifikationsmöglichkeiten anbieten. Es eröffnet Raum für Gespräche (mit etwas älteren Kindern) über Aggression, ihre Bedeutung und Gefahr, über Stärke und Schwäche, Mut und Angst.

Passend zur Energie des Michaelsfestes macht es Spaß, an diesem Tag möglichst viel Rotes zu essen. Zum Beispiel als »Drachenblut« eine Tomatensuppe, Spaghetti mit Tomatensoße oder Butterbrot mit Hagebuttenmarmelade. Was gibt es sonst noch Rotes zu essen, das stark und mutig macht? Den Kindern fällt sicher noch manches andere ein.

Hagebuttenmarmelade

Im September beginnt die Hagebuttenzeit. Marmelade daraus zu kochen, ist zugegebenermaßen eine ziemlich aufwändige Sache, aber das Ergebnis ist entsprechend lecker.
Wenn wir die kleinen roten Früchtchen früh im Herbst sammeln, ist es wichtig, sie vor dem Verarbeiten mindestens zwei Tage einzufrieren. Dadurch wird das Fruchtfleisch weicher und Gerb- und Bitterstoffe werden in Zucker umgewandelt. Ist in der Natur schon einmal ein Frost darüber gegangen, kann dieser Schritt entfallen. Als nächstes müssen die Hagebutten entkernt werden.
Dazu die Früchte mit Wasser bedeckt kochen, bis sie richtig weich sind (am besten ca. 15 Minuten im Schnellkochtopf, so werden die Vitamine geschont). Dann vorsichtig durch ein Sieb, am besten eine »Flotte Lotte« streichen. Jetzt haben wir das Hagebuttenmus, auch Hägemark genannt, das wir zu Hagebuttenmarmelade weiterverarbeiten können.

Für die Marmelade braucht man:

- 1 kg Hagebuttenmus (oder weniger, dann einfach die restlichen Mengenangaben anpassen)
- 250 ml Wasser oder halb Wasser, halb Apfelsaft
- Saft einer halben Zitrone
- 500 Gelierzucker (2:1)

Die Hagebutten mit Wasser und Zitronensaft aufkochen und mindestens drei Minuten kochen lassen. Dabei ständig rühren, damit nichts anbrennt (Vorsicht vor heißen Spritzern!).
Wenn die Gelierprobe gelingt, die heiße Marmelade in vorbereitete kleine Schraubgläser füllen und die Deckel fest zudrehen.

Engel

Engel haben viele Augen
sie sehen dich
so wie du bist.
Engel haben viele Ohren
sie hören dich
auch wenn du nicht
mit ihnen sprichst.
Engel haben viele Hände
sie halten dich ganz fest
wenn du deinen Weg verlässt
Engel verirren sich nie
gibt acht auf sie.

ANNE STEINWART

Schutzengel –
Ein Begleiter, der bleibt

Die Kirche feiert nicht nur das Fest der drei Erzengel, sondern am 2. Oktober auch ein eigenes Schutzengelfest. Die Lehre von den Schutzengeln haben die Kirchenväter aus einem Wort Jesu im Matthäusevangelium entwickelt. An betreffender Stelle warnt er seine Jünger davor, die kleinen und unbedeutenden Menschen zu verachten. »Denn ich sage euch: Ihre Engel im Himmel sehen stets das Angesicht meines himmlischen Vaters« (Mt 18,10). Aus diesem Wort schließt Origenes: Jeder Mensch bekommt bei seiner Geburt einen Schutzengel, der ihn begleitet auf allen Umwegen und Irrwegen, bis er ihn über die Schwelle des Todes in Gottes liebende Arme hineinträgt. Es ist ein schönes Bild: Auf keinem Weg sind wir allein, ein Engel begleitet uns. Aber wie sollen wir »Engel« verstehen?

Engel – so sagt die Kirche – sind von Gott geschaffene geistige Wesen und personale Mächte, die unser Personsein schützen. Sie bringen uns in Berührung mit dem Potenzial, das Gott in unsere Seele hineingelegt hat. Wenn wir vor einer schwierigen Reise stehen, bitten wir Gott, uns seinen Engel zu senden und uns zu schützen. Jeder von uns hat schon einmal einen Schutzengel erfahren, wenn er gerade vor einem Stau auf der Autobahn noch bremsen konnte oder wenn er bei einem Unfall glimpflich davongekommen ist.

Doch wo war der Schutzengel, wenn ein junger Mensch bei einem Verkehrsunfall ums Leben kommt? Wo war der Schutzengel, als das kleine Kind sexuell missbraucht und getötet worden ist? Wir dürfen den Schutzengel nicht zu naiv verstehen, schützt er uns doch nicht vor jeder Krankheit oder vor dem Tod. Aber er schützt unseren innersten Kern, der weder durch Krankheit noch durch Tod zerstört werden kann. Der Schutzengel schützt unsere innere Würde. Aber dennoch dürfen wir Gott darum bitten, dass der Schutzengel uns auf unserem Weg begleitet, dass er uns bewahrt vor Unfall und vor den Gefahren, die uns von außen oder innen bedrängen.

Für mich ist das Bild des Schutzengels ein heilsames Bild. In seelsorglichen Gesprächen erzählen mir Menschen oft von ihren Verletzungen in der Kindheit. Ich frage dann immer nach den Engelsspuren, die sie in ihrer Kindheit erfahren haben. So eine Engelsspur ist die Erfahrung von Schutz und Geborgenheit mitten in der Wüste von Kälte und Missachtung. Der Engel, der das Kind begleitet, führt es an Zufluchtsorte, an denen es sich geschützt weiß. Für manche nehmen diese die Gestalt der Großmutter oder des Großvaters an. Für eine Frau, die eine schwierige Kindheit hatte, die sich weder vom Vater noch von der Mutter angenommen fühlte, war der Marienaltar in ihrer Pfarrkirche ein solcher Zufluchtsort. Mit vier oder fünf Jahren ist sie spontan in die Kirche gegangen und hat sich vor den Marienaltar gesetzt. Da hat sie sich angenommen gefühlt. Man könnte fragen: Wer hat das Kind in die Kirche geführt? Es war sein spontaner Einfall. Aber man könnte auch sagen: Es war sein Schutzengel, der es dorthin geführt hat, wo es sich geschützt und geborgen gefühlt hat. Für eine andere Frau war es der Wald, der für sie in der Kindheit ein Ort war, an den sie geflohen ist vor der eisigen Atmosphäre ihres Elternhauses. Das Schutzengelfest will uns einladen, die heilsamen Engelsspuren in unserem Leben zu entdecken und uns jetzt solche Zufluchtsorte zu suchen, die uns Schutz gewähren.

Ritual

Setze dich still hin und halte deine Arme über der Brust gekreuzt. Dann stelle dir vor, dass in deinen Armen dein Schutzengel dich schützt. Er schützt dein Innerstes. In den innersten Raum deiner Seele kann keine Verletzung eindringen, da bist du behütet vor allen Gefahren, da kann dir nichts schaden. Wenn du Zeit findest, kannst du dir die Sopranarie aus einer Kantate zum Fest Michaeli von Johann Sebastian Bach anhören: »Gottes Engel weichen nie.« Stelle dir dann vor, dass Gottes Engel nie von dir weichen, ganz gleich, was im Äußeren mit dir geschieht.

Schutzengel basteln

Für manche Erwachsene mag der Glaube an Schutzengel vielleicht naiv erscheinen, für Kinder sind sie jedoch eine gute Möglichkeit, die abstrakte Vorstellung einer segnenden göttlichen Kraft etwas konkreter zu fassen. Als Erinnerung an den Schutzengel können diese gebastelten Engelchen am Bett der Kinder aufgehängt werden. Sie eignen sich natürlich auch, um den Weihnachtsbaum zu schmücken. Versehen mit einem kleinen Gruß sind sie zudem ein schönes Geschenk für Menschen, die einen Schutzengel gerade gut gebrauchen können.

Material
- bunte Papierquadrate, ca. 10 x 10 cm groß (die Größe ist aber variabel; sehr gut eignen sich auch die Seiten eines nicht mehr gebrauchten Buches oder Notenblätter)
- Schere
- bunte Perlen
- Nadel und Faden
- doppelseitiges Klebeband

Das Quadrat in zwei Rechtecke teilen (Verhältnis ungefähr ein Drittel, zwei Drittel). Beide Teile von der kürzeren Kante her wie eine Ziehharmonika falten, den so entstehenden Streifen auf die Hälfte falten. Mit Nadeln und Faden die größere Ziehharmonika mittig auffädeln, die geknickten Seiten zeigen nach unten. Dann das kleinere Teil auffädeln, die geknickten Enden zeigen nach oben.

Mit einem schmalen Streifen doppelseitigem Klebeband die Innenkanten des größeren Teils zusammenkleben und den Fächer etwas auseinanderziehen.

Dann eine Perle als Kopf auf den Faden aufziehen und den Faden knapp darüber verknoten. Ungefähr 10 cm weiter oben nochmals einen Knoten machen und den Faden abschneiden.

Möge dein Engel dir vorausgehen
wie ein helles Licht.
Er sei ein Leitstern über dir,
ein sicherer Pfad unter deinen Füßen,
ein freundlicher Hirte hinter deiner Spur.
IRISCHER SEGENSWUNSCH

Erntedank –
Dankbarkeit als Weg zum Glück

Schon Israel kannte Erntedankfeste. Ja, die wichtigsten Feste Israels waren ursprünglich Erntefeste. Das Fest der ungesäuerten Brote – das spätere Paschafest – stand zu Beginn der Gerstenernte an, das Wochenfest zur Weizenernte und das Laubhüttenfest zum Abschluss der Obsternte. Das Volk Israel hat aber an diesen Festen Gott nicht nur für die Ernte der Felder gedankt, sondern auch für all das, was er dem Volk getan hat. Die Ernte in der Natur wurde zum Symbol für das, was Gott dem Volk an Wohltaten geschenkt hat. Immer waren die Erntefeste verbunden mit der Übergabe von Erstlingsopfern, wodurch das Volk ausdrückte, dass alles Gott gehört und dass alle Ernte Geschenk Gottes ist.

Das Erntedankfest will uns für die Beziehung zur Schöpfung sensibilisieren. Nur wenn wir die spirituelle Dimension der Natur wahrnehmen, werden wir auch behutsam mit ihr umgehen. Das können wir gerade von der keltischen Spiritualität lernen, die in das keltische Christentum eingeflossen ist. Die Natur ist von Gottes Geist und Gottes Liebe durchdrungen, und Gott begegnen wir in den kleinen Dingen des Alltags. Ein Kenner der keltisch-christlichen Spiritualität schreibt: »Eine der wichtigsten praktischen Lehren, die uns die Kelten erteilen, ist die, das Gewöhnliche und Alltägliche wieder mit einem Grad von Heiligkeit auszustatten, die kleinen Dinge als wichtig wertzuschätzen und Gott erneut im trivialen Trott und in der gewöhnlichen Aufgabe zu entdecken« (Bradley, Der keltische Weg 68). Die Kelten wandten das Wort Jesu, dass wir das, was wir einem der geringsten Brüder tun, an Christus vollbringen, auf die Schöpfung an. Wir sollten genauso liebevoll mit der Schöpfung umgehen wie mit den Menschen, denn auch in ihr begegnen wir Gott.

Das Erntedankfest will uns in die Haltung der Dankbarkeit einüben. Dabei geht es nicht nur um die Dankbarkeit für die Gaben der Schöpfung, sondern auch um die Dankbarkeit für all das, was wir im persönlichen Bereich geerntet haben. Was waren die Früchte unseres Lebens, für die wir dankbar sein können? Wo hat unsere Arbeit Segen gebracht für uns und für die Menschen, für die wir gearbeitet haben? Wenn wir an diesem Fest auf die Ernte unseres Lebens zurückschauen, so werden wir erkennen, dass wir – wie der Acker – viel Segen von Gott empfangen haben. Weil wir empfangen haben, ist in uns etwas gewachsen. Natürlich mussten wir auch selbst dazu beitragen, dass die Ernte eingebracht wird. Manches ist vielleicht nicht so gewachsen, wie wir uns das erhofft haben. Manche Früchte sind vielleicht faul geworden, aber auch sie haben ihre Bedeutung. Wir können sie auf den Kompost werfen, sodass sie für neue Fruchtbarkeit sorgen. Die Kunst der Dankbarkeit besteht darin, für alles zu danken, was uns Gott schenkt und was er uns zumutet. Die Dankbarkeit öffnet uns die Augen, dass er alles, was wir tun, zum Segen für uns selbst und für andere verwandeln kann.

Die Dankbarkeit tut dem Menschen gut. Sie ist heilsam für ihn. Das deutsche Wort »danken« kommt von »denken«. Wer richtig über sein Leben nachdenkt, der wird dankbar, und wer dankbar ist, der erfährt inneren Frieden. Die Dankbarkeit verwandelt unsere Gefühle. Albert Schweitzer mahnt uns, gerade dann die Haltung der Dankbarkeit zu üben, wenn es uns nicht so gut geht. Wenn ich dann trotzdem Gott danke für das, was er mir in meinem Leben geschenkt hat, und für das, was er mir im Augenblick schenkt, dann wandelt sich mein Gefühl. Auf einmal geht es mir besser. Dankbarkeit ist nicht nur Ausdruck einer gesunden Lebenseinstellung, sie vermag uns auch zur seelischen und körperlichen Gesundheit zu führen. Wer undankbar ist, ist ein unangenehmer Mensch. Wir leben nicht gerne mit ihm zusammen, denn er ist nie zufrieden. Wir können ihm schenken, was wir wollen, er kann sich nicht darüber freuen. Er wird nie dafür danken. Wir sind darauf angewiesen, dass uns ein Mensch auch einmal für etwas dankt. Uns selbst wiederum tut es gut, wenn wir einem anderen für ein Wort danken, für einen freundlichen Blick, wenn wir ihm einfach dafür danken, dass er da ist.

Schon die römischen Philosophen haben die Dankbarkeit als eine der wichtigsten Haltungen des Menschen beschrieben. Wer nicht dankbar

sein kann, ist kein wirklicher Mensch, er vergisst, was ihm täglich geschenkt wird. Daher hat der römische Philosoph Cicero die Undankbarkeit als Vergessen bezeichnet. Wir vergessen, was uns Gott schon in unserem Leben geschenkt hat, und wir vergessen, was er uns täglich schenkt durch sein Wort, durch Menschen, die uns begegnen, durch die Gaben der Schöpfung.

Die Dankbarkeit macht den Menschen zum wahren Menschen. Wenn wir unser Leben mit Dankbarkeit anschauen, wird sich das Dunkle erhellen und das Bittere wird einen angenehmen Geschmack bekommen. Die Dankbarkeit bewahrt uns vor Kleinmut und Verbitterung und bringt uns Gott näher. Auch lernen wir Gelassenheit und Lebensfreude. Etwas von dieser humorvollen Lebensfreude vermittelt das Abendgebet des heiligen Philipp Neri: »Herr, ich danke Dir, dass heute die Dinge nicht so gelaufen sind, wie ich wollte, sondern wie Du wolltest.« Wer mit dieser Haltung der Dankbarkeit auf den vergangenen Tag schaut, der ärgert sich nicht, sondern für den wird alles zu einer Quelle der Freude und des Friedens.

Danke

Text und Musik: Ruth Weisel | Rechte bei der Autorin

Ritual

Gehe heute durch die Natur mit dem Satz, den du dir immer wieder innerlich vorsagst: »Mein Gott, ich danke Dir.« Schaue auf die Wiesen, auf die Bäume, auf die bunten Blätter und sage dir: »Mein Gott, ich danke Dir.« Du wirst auf einmal vieles vorfinden, wofür du Gott danken kannst. Dann schaue von der Natur auf dein Leben. Was fällt dir ein, wofür du Gott danken solltest? Betrachte deine jetzige Situation. Vielleicht entspricht sie der Buntheit des Herbstes, vielleicht aber auch dem kahlen Baum, von dem schon alle Blätter abgefallen sind. Doch jeder Baum hat seine Schönheit und seine Würde. Versuche, Gott für dein Leben zu danken, so wie es geworden ist. Du warst nicht allein auf deinem Weg. Auch wenn du Gott nicht immer gespürt hast, kannst du ihm doch danken, dass er dich bis zu diesem Augenblick geführt hat. Die Dankbarkeit wird dir auch Hoffnung vermitteln, dass dein Weg gut weitergeht.

Staunen und danken

Kinder sind von sich aus Meister*innen des Staunens. Wir können uns von ihnen an die Hand nehmen lassen, ihr eigenes Tempo mitgehen und durch ihre Brille in die Welt schauen – gemeinsam mit ihnen staunen über die großen und kleinen Wunder. Zur Dankbarkeit ist es dann nur ein kleiner Schritt, sie stellt sich automatisch ein.

Wir brauchen Kindern nicht beizubringen oder sie daran zu erinnern, dankbar zu sein. Es reicht vollkommen, ihnen und uns den Raum und die Zeit zum Staunen zu lassen.

Gemeinsamer Tagesrückblick

Ein Familienritual über Erntedank hinaus: Beim Abendessen erzählen alle Familienmitglieder der Reihe nach von ihrem Tag. Wichtig ist, dass sowohl Frust und Ärger als auch Glücksmomente Platz haben. Deshalb bieten sich folgende beiden Fragen an (die Reihenfolge ist wichtig!):
Was liegt mir im Magen, was will ich loswerden?
Worüber habe ich mich gefreut?

Knusprige Kartoffeln aus dem Ofen

Herbstzeit ist Kartoffelzeit. Mit diesem Rezept zaubern wir die allerknusprigsten Ofenkartoffeln auf den Tisch:
- Die Kartoffeln am besten mit einem Wellenschneider schnippeln. Die Wellen vergrößern die Oberfläche der Kartoffelscheiben und somit das Knusperpotenzial.

- Den Backofen auf 220 Grad Ober- und Unterhitze vorheizen.
- Kartoffeln werden dann besonders knusprig, wenn so viel Stärke wie möglich abgewaschen wird. Deshalb werden sie nach dem Schneiden ca. 10–15 Minuten in warmem Wasser eingeweicht und anschließend mit einem Geschirrtuch trocken getupft.
- Die trockenen Kartoffelscheiben in einer Schüssel mit Salz, Paprikapulver und etwas Pfeffer würzen. Dann pro Kilogramm Kartoffeln 3 EL Pflanzenöl dazu und vermischen. Am Schluss die Kartoffeln mit etwas Reismehl bestäuben (das nimmt die letzte Feuchtigkeit auf und sorgt für den Extraknusper-Effekt).
- Die gewürzten Kartoffeln auf einem Backblech verteilen (möglichst so, dass die Scheiben nicht übereinander liegen) und hinein in den heißen Ofen.
- Nach ca. 30–35 Minuten müssten die Kartoffelscheiben schön gebräunt und kross sein.

Herbstgirlande oder -mobile

Aus unseren Mitbringseln von den Streifzügen durch den herbstlichen Wald suchen wir die schönsten aus. Zusammen mit gepressten Blättern binden wir Hagebutten und Eicheln an Baumwollfäden zusammen. An einem Ast hängen einzelne Fäden nebeneinander wie ein Mobile. Oder eine lange Kette wird zur Herbstgirlande.

Erinnerungen

Erinnerungen malen
mein Herz bernsteingold
übertünchen Alltagslast
schmücken Sorgentage
überstrahlen poliertes Silber
reicher als edelmetallene Schätze
funkeln wie Diamanten
füllen das Herz mit Lachen
und Dankbarkeit
lassen es ballonleicht
durch Zeit und Raum fliegen
Die Sonnenblume von gestern
zwinkert mir zu
es lächelt
die knospende Rose
Heute sammeln wir neue Schätze
in die Vorratskammer
die uns im Lebenswinter nährt

MARIA SASSIN

Allerheiligen –
Die Wurzel entdecken

Das Fest Allerheiligen geht schon auf das vierte Jahrhundert zurück. Im Abendland hat es seine Verbreitung vor allem durch die Einweihung des römischen Pantheons zu Ehren der seligen Jungfrau Maria am 13. Mai 609 gefunden. An diesem Tag wurde aller heiligen Märtyrer, gedacht. Das Fest aller Heiligen, nicht nur der Märtyrer, kam dann im achten Jahrhundert aus Irland und England auf das Festland. Die irische Kirche, die die keltische Spiritualität in das Christentum integrierte, hat dieses Fest bewusst auf den 1. November gelegt, der damals als Winteranfang betrachtet wurde. Für die Kelten galt das Gesetz: Vom 1. November bis zum 2. Februar darf man keine Wurzeln ausgraben, denn da brauchen die Heilkräuter die Wurzeln, damit sie die Kraft der Erde in sich aufnehmen. So verbindet uns das Fest Allerheiligen mit unseren eigenen Wurzeln. Einmal beginnt am 1. November eine stillere Zeit, in der wir unserer Wurzeln gedenken sollen, zum anderen sind die Heiligen selbst Wurzeln, aus denen wir leben können.

Die Heiligen sind für mich in zweifacher Hinsicht Wurzeln, aus denen wir leben können. Zum einen feiern wir an Allerheiligen die Gemeinschaft der Heiligen. Wir sind nicht alleingelassen mit unserem Ringen, wir tauchen ein in diese Gemeinschaft. Wenn wir Liturgie feiern, tun wir das ebenfalls nicht allein, wir haben teil an der Glaubenskraft der Heiligen, die mit uns die Eucharistie begehen. Sobald wir die Rituale der Liturgie vollziehen, bekommen wir Anteil an den Wurzeln, die sie uns bereitet haben. Beten wir etwa das Vaterunser, dann beten wir es in Gemeinschaft der Heiligen. Die Worte sind angereichert mit den Erfahrungen, die sie mit diesem Gebet gemacht haben.

Zum anderen tragen wir normalerweise einen Namen, der von einem Heiligen stammt. Wir können den Heiligen nicht kopieren, mit dessen Namen man uns nennt, aber der Heilige könnte ein Spiegel sein, in dem wir unsere eigenen Fähigkeiten entdecken. Indem wir unseren Namenspatron meditieren, kommen wir in Berührung mit den Möglichkeiten, die auch in unserer Seele bereitliegen. Der Heilige ist der Schlüssel, um an unsere eigenen Wurzeln zu gelangen, aus denen wir unsere Kraft beziehen. Wurzellosigkeit macht krank. Uns bewusst zu machen, dass wir nicht allein sind auf unserem Weg der Selbstwerdung, dass andere ihn schon gegangen sind und dass sie uns vom Himmel her begleiten, das stärkt uns vor allem dann, wenn unser Weg beschwerlich wird.

Die Heiligen wollen uns unsere Lichtseiten aufzeigen. Sie laden uns ein, all das Helle und Lichte, das in uns schon da ist, auch zuzulassen, ihm zu vertrauen. Dann kann das Licht sich auch in uns ausbreiten. So erinnern uns die Heiligen, deren Namen wir tragen, an Fähigkeiten, die in uns angelegt sind. Indem wir den Heiligen meditieren, entdecken wir den Reichtum der eigenen Seele, entdecken wir das Heile und Heilige auch in uns selbst. Zugleich schenkt uns der Heilige die Hoffnung, dass auch unser Leben gelingen wird. Die Heiligen waren ja ihrerseits keine perfekten Menschen, oft sind sie verwandelte Sünder. Entscheidend ist, dass Gott alles, was die Heiligen ihm hingehalten haben, geheilt und verwandelt hat. So verweisen uns die 14 Nothelfer auf unsere eigenen Wunden, die wir Gott hinhalten sollen, damit er sie heilt. Die Märtyrer stärken uns, dass wir Zeugnis ablegen für das, was uns wirklich trägt. Die Kirchenlehrer bringen uns in Berührung mit der Weisheit unserer Seele. Die heiligen Väter und Mütter wiederum zeigen, dass unser Leben mitten im Alltag gelingen kann.

Ritual

Besuche eine Kirche mit vielen Heiligenfiguren oder Heiligenbildern. Schaue dir die Heiligen an. Erforsche, wofür diese jeweils stehen. Betrachte die Symbole, die die Künstler ihnen gegeben haben. Die Symbole zeigen dir, dass diese Heiligen auch für dich eine Bedeutung haben. In ihnen kannst du Gottes Wirken an diesen heiligen Menschen betrachten. Du kannst aber auch vertrauen, dass Gott genauso an dir handelt. Die Heiligen, die auf ihre Wunden hinweisen – wie der heilige Rochus oder der heilige Sebastian –, wollen dir Vertrauen schenken, dass Gott auch deine Wunden heilt. Alle Symbole, die du bei den Heiligenfiguren siehst, wollen dir den Reichtum deiner eigenen Seele aufzeigen. Stelle dir vor: Du gehst nicht allein deinen Weg. Die Heiligen begleiten dich. Wenn du in der Kirche den Gottesdienst mitfeierst, stelle dir vor, dass sie jetzt im Himmel gemeinsam mit dir feiern. Du tauchst ein in ihre heilige Gemeinschaft, die dich trägt und stützt.

Abschied und Tod als Teil des Lebens

Allerheiligen markiert den Beginn des »Totenmonats« mit all seinen Gedenktagen. Nun ist es ja nicht so, dass der Tod sich an unseren Kalender hält. Wir begegnen ihm, wenn es ihm passt. Dennoch ist diese Zeit im Kirchenjahr besonders von der Erinnerung an unsere Vergänglichkeit geprägt. Normalerweise mögen wir das nicht. Und gerade im Leben mit Kindern ist die Endlichkeit scheinbar oft weit weg, denn wir stehen mitten im quirligen Alltag. Und doch gehört der Tod auch dann dazu. Sich dies bewusst zu machen und dem Thema nicht auszuweichen, ist wichtig. Dabei muss es gar nicht künstlich herbeigeredet werden. Wer aufmerksam ist, begegnet der Vergänglichkeit, dem Abschied und dem Tod fast täglich: Die Kinder finden eine tote Maus; der alte Nachbar von gegenüber stirbt; das Lieblingskuscheltier ist verloren gegangen. All das sind Anlässe, mit Kindern diesen seltsamen Gesellen Tod etwas näher zu betrachten und das Trauern und Abschiednehmen einzuüben. Ist das alles zu schwer, zu traurig für Kinder? Nein, gewiss nicht. Traurig zu sein gehört zu ihrem Leben genauso wie die Fröhlichkeit und das Glück. Wenn sie Angst davor haben, dann nur, weil wir Erwachsene ein Tabu daraus gemacht haben oder ihre Gefühle mit einem »Das ist doch nicht so schlimm« beiseite wischen.

Wir müssen den Kindern den Tod nicht ungefragt erklären, aber wenn sie danach fragen, dann sollten Erwachsene darauf eingehen. Auch wenn wir selbst keine fertigen Antworten haben – dann forschen wir eben gemeinsam.

Hilfreiche und inspirierende Bilderbücher dazu:
♡ Ein Bilderbuch, das das Thema auf eine sehr einfache Weise aufnimmt und deshalb schon für kleine Kinder verständlich ist:
Judith Koppens/Eline van Lindenhuizen, **Fisch schwimmt nicht mehr,** Ostfildern 2014

♡ Philosophischer beschäftigt sich dieses wunderschöne Buch mit der Vergänglichkeit, es ist deshalb für Kinder ab dem Grundschulalter geeignet, und auch Erwachsene lesen es mit Gewinn:
Soheyla Sadr, **Anne und Pfirsich: Mit dem Leben tanzen,** Trier 2019

Allerseelen –
Die Gemeinschaft mit den Verstorbenen

Auch das Fest Allerseelen möchte uns mit unseren Wurzeln in Berührung bringen. Wir denken an die Verstorbenen, die wir gekannt haben, an unsere verstorbenen Eltern und Verwandten, an verstorbene Mitbrüder und an Freunde. Stellen wir uns vor, dass sie jetzt alle bei Gott sind, und fragen wir uns, was ihre Botschaft an uns ist. Was wollten sie in ihrem Leben verwirklichen? Was konnten sie manchmal nicht so leben, wie sie es gerne gewollt hätten? Was ist das Geheimnis ihres Lebens? Was ist das einmalige Bild, das Gott sich von diesem Menschen gemacht hat? Im Tod wird uns oft das Wesen eines Menschen klarer, als wir es während seines Lebens erkannt haben. Häufig genug war das wahre Wesen auch verstellt durch die Verletzungen der Lebensgeschichte, durch körperliche oder seelische Begrenzungen. Aber nach seinem Tod können wir das Geheimnis dieses Menschen in seiner Tiefe erkennen.

Indem wir die Botschaft der Verstorbenen meditieren, haben wir teil an ihrer Lebenskraft und Glaubenskraft. Ich denke manchmal beim Psalmengebet daran, wie einzelne Mitbrüder diese Psalmen gebetet haben, was ihre Lieblingspsalmen waren und welche Verse sie besonders angesprochen haben. Dann verbindet mich das Psalmengebet mit ihnen. Ich stelle mir vor, dass die Mitbrüder jetzt bei Gott diese Psalmen als Schauende und Vollendete mitbeten. Wenn ich das Vaterunser bete, muss ich oft an meinen eigenen Vater denken, der mit diesem Gebet die schwierigen Zeiten während und nach dem Krieg bewältigt hat. Für ihn beinhaltete es spürbar existenzielle Bitten. Als nach dem Konkurs die Bank unser Haus versteigern wollte, da hat ihn die Bitte um das tägliche Brot gestärkt, nicht aufzugeben, sondern weiterhin zu hoffen, dass alles gut ausgehen würde.

Rituale sind ein guter Weg, mit den Wurzeln in Berührung zu kommen, die die Verstorbenen für uns darstellen. Wenn wir in der Familie die Rituale feiern, die dort seit vielen Jahrzehnten üblich waren, dann haben wir teil an der Lebenskraft und Glaubenskraft unserer Eltern und Großeltern und Urgroßeltern. Wenn wir im Kloster die Rituale vollziehen, die teilweise schon auf den heiligen Benedikt zurückgehen, dann haben wir teil an den spirituellen Erfahrungen der Mönche, die in den vergangenen 1500 Jahren mit diesen Ritualen ihr Leben gemeistert und sich für Gottes Geist geöffnet haben. Das Bewusstsein, an den Wurzeln der Verstorbenen teilzuhaben, stärkt den eigenen Lebensbaum. Ohne Wurzeln keine Flügel – so drückt es ein Psychologe aus. Wurzellosigkeit ist vielmehr oft der Grund für Depressionen. Der Baum, der keine Wurzeln hat, verdorrt, sobald es Krisenzeiten gibt. Daher ist es heilsam, an Allerseelen der Verstorbenen zu gedenken, um an den Wurzeln teilzuhaben.

Aber es gibt noch einen anderen Grund, Allerseelen zu feiern. Indem wir an die Toten denken, werden wir an den eigenen Tod erinnert. Die Erinnerung an den eigenen Tod lädt uns ein, jetzt im Augenblick zu leben, intensiv und bewusst zu leben. Das Wissen um die Endlichkeit des Lebens verstärkt das Leben, wir hören auf, nur so dahinzuleben. Wenn uns bewusst ist, dass unser Leben begrenzt ist, dann versuchen wir, in den Begegnungen nicht oberflächlich daherzureden, sondern die Worte zu sagen, die wir wirklich sagen möchten, die uns in Berührung bringen mit den Menschen. Ist uns bewusst, dass jede Begegnung die letzte sein könnte, werden wir sie auch bewusster erleben.

Ritual

Denke an deine verstorbenen Eltern und Großeltern oder an verstorbene Freunde oder Geschwister. Überlege, was sie in ihrem Leben ausdrücken wollten, wovon sie gelebt haben, was sie dir heute sagen möchten. Versuche dich daran zu erinnern, welches die Lieblingsgebete dieser Verstorbenen waren oder die Lieder, die sie gerne gesungen haben. Dann meditiere diese Gebete und Lieder. Oder stelle dir vor, wie sie das Vaterunser gebetet haben, was es für sie bedeutet hat, wie sie sich daran festgehalten haben. Dann bete selbst ganz langsam das Vaterunser und stelle dir vor: Du hast in diesen Worten teil an den Erfahrungen deiner Eltern und Großeltern, und sie beten jetzt die gleichen Worte wie du. Du betest sie als Suchender, Zweifelnder, Glaubender, sie aber als Schauende.
So verbindet dich das Vaterunser mit deinen eigenen Wurzeln, mit der Lebenskraft und Glaubenskraft deiner Vorfahren.

Gemeinsam zurückschauen

Für unsere Kinder, die mit Fotos am Bildschirm, digitalen Diashows und gedruckten Fotobüchern aufwachsen, haben »echte« Fotos zum Anfassen besonderen Wert. Erst recht die wirklich alten, in schwarz-weiß und mit gezacktem Rand. Wenn es solche alten Familienfotos gibt und auch noch Groß- oder sogar Urgroßeltern, die etwas zu den Fotos erzählen können, dann ist das ein wahrer Schatz.

Ein trüber Novembernachmittag ist wie geschaffen dafür, die (Ur-)Großeltern samt ihrer Fotos zu Kaffee und Kuchen einzuladen und mit ihnen in frühere Zeiten einzutauchen. Vielleicht gibt es auf den Fotos äußerliche Ähnlichkeiten zwischen den Kindern und ihren Vorfahren zu entdecken? Oder die (Ur-)Großeltern erzählen, wie sie ihre eigene Kindheit erlebt haben und was damals anders war als heute? Auf alle Fälle ist es spannend, Geschichten »von früher« zu hören und zu erfahren, wie die Generationen vor uns gelebt haben.

Erinnern

Menschen, die mal da waren: Opa, wie er Apfelsinen schält. Miriam, die durchs rote Meer geht. Frau P., die beste Lehrerin der Welt. Christoph, mit dem ich stritt. Bonhoeffer im Konzentrationslager. Uroma in ihrem roten Rock. Jesus, der Brot teilt und Wein. Oma, mit der ich stickte. Jakob, der mit dem Unbekannten ringt. Kurt Cobain. Teresa und ihr Satz von der Seele, die Lust hat. Uropa, der Müller war und den ich nicht kannte. Tante Frieda mit ihrem Vogelgesicht. Ein Toter, auf dessen Grabstein Kapitän steht.

Wir sind verbunden. Wir sind ein Netz durch die Zeit. Gespannt zwischen Gestern und Morgen, zwischen Hier und Dort. Ein Netz in die Ewigkeit. Knüpf an. Erinnere dich.

SUSANNE NIEMEYER / MATTHIAS LEMME

Sankt Martin –
Den Mantel teilen

Ein Fest, das vor allem bei Kindern beliebt ist, ist das Martinsfest am 11. November. Martin war der erste Mann, der als Heiliger verehrt wurde, obwohl er nicht das Martyrium erlitten hat. Noch heute ist er einer der beliebtesten Heiligen. Kinder ziehen am 11. November oder am Vorabend mit Laternen durch die Stadt und singen Lieder zu seinen Ehren, in denen sie seine Barmherzigkeit loben und immer wieder die Szene beschreiben, wie er einem armen Bettler seinen halben Mantel schenkt.

Martin wurde um das Jahr 316 in Steinamanger in Ungarn als Sohn eines römischen Offiziers geboren. Seine Eltern waren keine Christen. Martin wurde schon früh Soldat und machte seinem Namen alle Ehre. Als er gerade mit einem römischen Reiterregiment in Gallien war, geschah die berühmte Geschichte, dass er, bekleidet mit seinem Soldatenmantel, hoch zu Ross in eine Stadt einzog. Da sah er am Tor einen Bettler, der halbnackt dasaß und fror. Kurz entschlossen zog Martin das Schwert, teilte seinen Mantel und gab die eine Hälfte dem Bettler. In der Nacht erschien ihm dann Christus im Traum und setzte sich mit dem Bettler gleich.

In einer weiteren Geschichte, die man mit dem heiligen Martin verbindet, wird erzählt, dass die Leute von Tours einen Bischof suchten und ihre Wahl auf ihn fiel. Um der Bürde des Bischofsamtes zu entgehen, versteckte sich Martin in einem Gänsestall, doch das dortige Geschnatter verriet ihn. Auf diese Legende geht der Brauch der Martinsgans zurück, die um Martini herum geschlachtet und verspeist wird. Im Mittelalter feierte man auch die Martiniminne, zu der man zu Ehren des Martins Wein trank. Vor der Fastenzeit des Advents beging man nochmals bewusst Gottes Barmherzigkeit und Güte.

Teilen und weitergeben

Text und Musik: Matthias E. Gahr | Rechte beim Autor

Martin ist der gerechte Mann, der zugleich milde und barmherzig ist. Er hat die Menschen seiner Zeit durch seine Milde und Güte überzeugt, ließ sich nicht anstecken von der Verrohung der Sitten, die man damals beklagte. Der Soldat wurde zum Soldat Christi, der sich einsetzte für gerechte Strukturen in Gesellschaft und Kirche, der immer wieder für den Frieden kämpfte. Martin hat sich vom Kriegsgott abgewandt und wurde zum Diener des Friedens. So ist er Vorbild in unserem Kampf für den Frieden, der Mut braucht und die Bereitschaft, sich mit ungerechten Menschen auseinanderzusetzen. Ein solcher Kampf geht nicht ohne Wunden ab, das hat Martin immer wieder erfahren. In seinem Streben hat er sich nie von Emotionen leiten lassen, sondern immer vom Geist Jesu Christi, wodurch er in seiner Mitte blieb und sich auch von ungerechten Verhältnissen nicht aus seiner Beziehung zu Christus herausreißen ließ. Martin strahlte eine solche Güte aus, dass auch seine Feinde davon beeindruckt waren, und wurde zum großen Friedensstifter seiner Zeit. Bei den Menschen seiner Zeit hinterließ er eine enorme Wirkung. Sie hatten das Gefühl, in der Nähe dieses vom Frieden erfüllten Menschen könne man gut leben, da fielen die Streitigkeiten in sich zusammen, und ein neues Miteinander würde möglich. Die Ausstrahlung, mit der Martin seine Zeitgenossen bewegt hat, hat bis heute Bestand. Es ist schon erstaunlich, wie ein Heiliger über 1600 Jahre hinweg die Menschen berührt und zu einem neuen Verhalten herausfordert.

Ritual

Überlege dir heute, welchem Menschen du einen Teil deines Mantels geben möchtest. Es ist weniger an deinen wirklichen Mantel gedacht als eher an den Mantel der Liebe, mit dem du einen anderen zudeckst und wärmst. Schau dich in deiner Umgebung um und frage dich: Wer friert in meiner Nähe an der Kälte, die ihn umgibt, an der Kälte der Firma, in der er arbeitet, an der Kälte der Gesellschaft, die keine Notiz von ihm nimmt? Suche dir einen der Frierenden aus und überlege, wie du ihn mit Liebe und Wärme umarmen könntest. Vielleicht genügt ein freundliches Wort, eine zärtliche Berührung, ein fröhliches Lächeln. Martin möchte dich in Kontakt bringen mit deiner Fähigkeit, andere zu wärmen und ihre Blöße zu bedecken.

Martinsfeuer

Der heilige Martin ist in Mitteleuropa einer der populärsten Heiligen. Fast im ganzen deutschsprachigen Raum gibt es Martinsumzüge. Und viele Familien laufen mit ihren Laternen mit, denn die Legende vom römischen Soldaten, der einem Bettler half, indem er seinen Mantel teilte, ist quer durch alle Religionen und Weltanschauungen anschlussfähig.

In manchen Gemeinden wird der Martinsumzug mit einem Feuer und gegrillten Würstchen abgeschlossen. Wenn die Kinder vom langen Umzug schon müde und die Erwachsenen möglicherweise durchgefroren sind, kann man diesen Teil des Festes auch als Familienunternehmung, vielleicht zusammen mit Freundinnen und Freunden an einem Wochenende tagsüber nachholen.

Im Sommer sind schöne Grillplätze im Wald oder am Waldrand begehrt, da ist es manchmal gar nicht so einfach, noch einen Platz zu bekommen. Im November haben wir die schönsten Plätze meist für uns allein. Auf dem Weg zum Grillplatz sammeln wir schon einmal Feuerholz und lange, gerade Stöcke, um die Würstchen aufzuspießen (diese sollten am besten vorne eine kleine »Gabel« haben) und das Stockbrot aufzuwickeln. Wenn das Feuer schön brennt, halten wir Würstchen und Stockbrot über die Flammen und wärmen uns dabei auf. Auf dem Rückweg kommen noch einmal die Martinslaternen zum Einsatz, und wir singen unsere liebsten Martinslieder.

Schnelles Stockbrot

Der Teig ist schnell gemacht und braucht keine Extrazeit zum Gehen. Er ist deshalb auch für spontane Ausflüge geeignet.

- 400 g Mehl
- 1 Würfel Hefe oder die entsprechende Menge Trockenhefe
- etwas Honig oder Zucker
- 200 ml handwarmes Wasser oder Milch
- knapp 1 Teelöffel Salz
- 3 Esslöffel Olivenöl
- je nach Geschmack: getrocknete Kräuter, z. B. Rosmarin

Das Mehl in eine Schüssel geben und eine Mulde eindrücken. Die Hefe in diese Mulde hineinkrümeln und mit dem Honig und etwas von der Flüssigkeit zu einem Brei rühren. Kurz stehen lassen. Dann die restlichen Zutaten dazugeben und zu einem Teig kneten.
Den Teig in eine verschließbare Schüssel geben. Auf dem Weg zum Grillplatz hat er Zeit, um aufzugehen.

Leuchten und teilen

»Ich geh mit meiner Laterne und meine Laterne mit mir, hoch oben leuchten die Sterne, hier unten leuchten wir.« Dieses bekannte Martinslied fasst in einfache Worte, was bis heute die innere Kraft der Geschichte vom heiligen Martin ausmacht: Es gibt Werte und Ziele, also Sterne am Himmel, an denen wir uns orientieren können. Wenn wir uns diese verinnerlichen und danach handeln, wenn wir wie Martin denen helfen, die – in welcher Weise auch immer – in Not sind, werden wir selbst zu Leuchtzeichen.

Was heißt das konkret? Die Antwort darauf kann und muss sehr verschieden ausfallen. Wichtig ist nur, dass wir diese Verantwortung wahrnehmen und tun, was uns möglich ist. Ausgehend von der Martinslegende können wir mit unseren Kindern überlegen, wo und wie wir heute Not lindern und teilen können. Kinder sind dabei unglaublich einfallsreich und scharfsinnig. Ihre Ideen holen uns Erwachsene durchaus manchmal aus der Komfortzone (das ist aber ganz in Ordnung, denn ein halber Mantel war sicher auch nicht gerade komfortabel). Auch wenn nicht alles realisierbar ist, sollten wir ihnen auf jeden Fall erst einmal zuhören. Vielleicht steht am Ende, dass wir als Familie überlegen, ob wir wirklich alles brauchen, was wir besitzen, und wir geben einen Teil unserer Bücher, Kleidung oder Spielzeug in ein Sozialkaufhaus (statt die Dinge zu verkaufen). Oder wir stellen uns vor, dass der Bettler in Not ein Bild für die bedrohte Umwelt ist. Was können wir konkret tun, damit es ihr wieder besser geht?

Christkönig –
Den König, die Königin in uns zulassen

Am letzten Sonntag des Kirchenjahres feiert die Kirche das Fest Christkönig. Indem wir Christus als König feiern, sollen wir mit unserer eigenen königlichen Würde in Berührung kommen. »König« ist in Märchen kein politischer Begriff, sondern ein Bild für die gelingende Menschwerdung. Bezeichnet wird dadurch derjenige, der sich selbst beherrscht und weder von anderen Menschen noch von seinen eigenen Bedürfnissen oder Leidenschaften beherrscht wird. König ist der freie Mensch wie auch der aufrechte Mensch, der aufrecht durch das Leben geht. Wenn ein König in den Raum tritt, dann richten sich alle auf. Alle bekommen eine Ahnung davon, dass sie selbst Könige und Königinnen sind.

Im antiken jüdischen Kontext hat der König die Aufgabe, die Feinde zu besiegen und dem Volk Schutz und Geborgenheit zu verschaffen. Für Platon, den griechischen Philosophen, ist der König der weise Mensch, der die Höhen und Tiefen des Menschseins kennt und das Wissen von den »Ideen« besitzt. Die Evangelisten sprechen von Jesus als König, vor allem im Zusammenhang mit seiner Kreuzigung. Da wird er von den römischen Soldaten als König der Juden verspottet. Aus ihrer Intention heraus deuten die Evangelisten das Bild des Königs um. Das wird am deutlichsten im Johannesevangelium. Auf die Frage des Pilatus, ob Jesus der König der Juden sei, antwortet er: »Mein Königtum ist nicht von dieser Welt« (Joh 18,36). Für mich ist das ein heilsames Bild, das auch für uns gilt. Wenn wir mit dem Satz »Mein Königtum ist nicht von dieser Welt« durch alle Situationen unseres Lebens gehen, in denen wir verletzt, gekränkt, erniedrigt, gedemütigt wurden, in denen wir uns schwach und elend fühlten, so erahnen wir, was es bedeutet, König zu sein. Es gibt in uns eine königliche Würde, die durch das Leid und die Demütigung nicht zerstört werden kann. Das gibt uns eine tiefe innere Freiheit; das Bewusstsein unseres inneren Königtums verwandelt das Leid. Es hebt unser Leid nicht auf, aber wenn wir mit diesem Bewusstsein durch das Leid gehen, das uns trifft, verliert es an Macht über uns.

Weil das innere Königtum nicht von dieser Welt ist, kann es davon nicht beeinträchtigt werden. Es ist etwas in uns, das vom Leid nicht berührt werden kann. Das schenkt uns Vertrauen und Kraft angesichts dessen, was in dieser Hinsicht auf uns zukommen könnte.

Die zweite Antwort, die Jesus auf die Frage nach dem Königtum gibt, lautet: »Du sagst es, ich bin ein König. Ich bin dazu geboren und dazu in die Welt gekommen, dass ich für die Wahrheit Zeugnis ablege. Jeder, der aus der Wahrheit ist, hört auf meine Stimme« (Joh 18,37). Hier bezieht sich Johannes auf das griechische Ideal des weisen Königs, geht aber noch einen Schritt weiter. Der König legt Zeugnis ab für die Wahrheit, deckt die Wahrheit auf, zieht den Schleier weg, der über allem liegt. Er verbiegt die Wahrheit nicht, richtet sich in seinen Worten nicht nach den Erwartungen der Menschen, sondern ist frei, die Wahrheit zu sagen. Wahrheit ist jedoch für die Griechen mehr als ein wahrer Satz. Nach einer Deutung von Martin Heidegger ist sie die »Unverborgenheit des Seins«, das Sein selbst »ent-birgt« sich, wird sichtbar. Christus als König weist auf das wahre Geheimnis des Menschen hin. Die Wahrheit zu kennen ist für Johannes ein Zeichen wahrer Freiheit, »… die Wahrheit wird euch befreien« (Joh 8,32). Wer mit seiner Wahrheit in Berührung ist, der hat nichts zu verbergen, der ist wahrhaft frei. Der König ist immer auch der freie Mensch.

So will uns das Fest Christkönig daran erinnern, dass wir Könige und Königinnen sind, dass wir wahrhaft frei sind und dass es unsere Aufgabe ist, auch andere Menschen in diese innere Freiheit zu führen. Der König hat es nicht nötig, andere kleinzumachen, er richtet sie vielmehr auf und verhilft ihnen so dazu, sich selbst als königliche Menschen zu fühlen. Rabbi Shlomo,

ein jüdischer Weiser, meinte einmal, der Mensch solle nie vergessen, dass er ein Königssohn, eine Königstochter ist. König ist ein Bild für das wahre Selbst des Menschen, für das Selbst, das alle Höhen und Tiefen des Menschseins kennt, frei und authentisch ist, eine unantastbare Würde hat und von niemandem beherrscht werden kann.

Einzig-artig

Text und Musik: Ruth Weisel | Rechte bei der Autorin

Sei ein-zig - ar-tig! Halt die Au-gen auf!
Stel-le tau-send Fra-gen und streich-le ü-ber'n Bauch!
Spring in je-de Pfüt-ze, rau-fe mit dem Wind,
hab 'ne bun-te Na-se, sei ein-fach Got-tes Kind!

Ritual

Begib dich in den Wald an eine Stelle, an der du allein gehen kannst, ohne von anderen beobachtet zu werden. Lege dir einen Stein auf den Kopf und versuche, aufrecht durch den Wald zu gehen. Der Stein zwingt dich, ganz aufrecht zu bleiben, sonst fällt er herunter. Sage dir den Satz vor: »Mein Königtum ist nicht von dieser Welt.« Dann stelle dir vor, du gehst mit diesem Satz in deine Firma, zu den Menschen, mit denen und für die du arbeitest. Wie würdest du die Menschen erleben? Stelle dir vor, du gehst mit diesem Satz in die Verletzungen hinein, die du von Menschen erfahren hast, in die Entwertungen durch andere, in Situationen der Schwäche und in Augenblicke, in denen du kein Selbstwertgefühl hattest. Wie würden sich dann die Situationen verwandeln? Wie würdest du dich selbst in den Situationen wandeln? Es geht nicht darum, dass du cool bist. Du sollst alles Verletzende und Entwertende und Bedrückende an dich heranlassen. Aber gehe durch diese Gefühle und Erfahrungen mit dem Bewusstsein, dass in dir etwas Königliches ist, das nicht davon zerstört werden kann.

Unsere größte Angst

Unsere größte Angst ist nicht, unzulänglich zu sein.

Unsere größte Angst ist, grenzenlos mächtig zu sein.

Unser Licht, nicht unsere Dunkelheit, ängstigt uns am meisten.

Wir fragen uns: Wer bin ich denn, dass ich so brillant sein soll?

Aber wer bist du, es nicht zu sein?

Du bist ein Kind Gottes.

Es dient der Welt nicht, wenn du dich kleinmachst.

Sich kleinzumachen, nur damit sich andere um dich herum nicht unsicher fühlen,

hat nichts Erleuchtetes.

Wir wurden geboren, um die Herrlichkeit Gottes, der in uns ist,

zu manifestieren.

Er ist nicht nur in einigen von uns, er ist in jedem Einzelnen.

Und wenn wir unser Licht scheinen lassen,

geben wir damit unbewusst anderen die Erlaubnis, es auch zu tun.

Wenn wir von unserer eigenen Angst befreit sind,

befreit unsere Gegenwart

automatisch die anderen.

MARIANNE WILLIAMSON

Unser Hausbuch – eigene Notizen und wichtige Daten

TEXTNACHWEIS:

S. 26: Max Feigenwinter: **Auf Weihnachten warten** © beim Autor

S. 44: Elke Schray: **Lebenskrippenspiel** © bei der Autorin

S. 76f: Lothar Zenetti: **Segen über ein Kind**, aus: Lothar Zenetti, Auf Seiner Spur. Texte gläubiger Zuversicht © Matthias Grünewald Verlag. Verlagsgruppe Patmos in der Schwabenverlag AG, Ostfildern 2011, www.verlagsgruppe-patmos.de

S. 129: Marlene Fritsch: **Ostern** © bei der Autorin

S. 137–142: Julia Engelmann: **Für meine Mutter**, aus: Keine Ahnung, ob das Liebe ist. Poetry © 2018 Wilhelm Goldmann Verlag, München, in der Verlagsgruppe Random House GmbH

S. 236: Susanne Niemeyer/Matthias Lemme: **Erinnern**, aus: Matthias Lemme, Susanne Niemeyer, Brot und Liebe © 2013 Verlag Herder GmbH, Freiburg i. Br.

S. 159: Susanne Niemeyer/Matthias Lemme: **O komm, du Geist der Wahrheit**, aus: Matthias Lemme, Susanne Niemeyer, Brot und Liebe © 2013 Verlag Herder GmbH, Freiburg i. Br.

S. 250: Marianne Williamson, **Unsere größte Angst**, aus: Marianne Williamson, Rückkehr zur Liebe
© 1993 Arkana Verlag, München, in der Verlagsgruppe Random House GmbH
Übersetzung: Susanne Kahn-Ackermann

Verwendete Literatur:

Ernst Bloch, **Das Prinzip Hoffnung (Werkausgabe, Band 5)**, Frankfurt am Main 1985

Ian Bradley, **Der keltische Weg. Keltisches Christentum auf den Britischen Inseln damals und heute**, Frankfurt am Main 1996

John Bradshaw, **Das Kind in uns. Wie finde ich zu mir selbst?**, München 1992

C. G. Jung, Aniela Jaffé, **Erinnerungen, Träume, Gedanken,** Zürich 1971

Erhart Kästner, **Die Stundentrommel vom heiligen Berg Athos**, Wiesbaden 1956

Jacobus de Voragine, **Die Legenda aurea**, aus dem Lateinischen übersetzt von Richard Benz, Köln 1969

BILDNACHWEIS:

Photocase.com:
S. 6: © hoffi99, © AndreasF., © Octavian Lazar, © salvia77; **S. 21:** © Annaluisa83; **S. 25:** © inkje; **S. 31:** © marshi; **S. 32:** markusspiske; **S. 42:** © REHvolution; **S. 48:** © bit.it; **S. 55:** © Jonathan Schöps; **S. 59:** © Christine ten Winkel; **S. 75:** © provid, © s_karau, © behrchen; **S. 83:** © Julia Straub; **S. 91:** © xenias; **S. 93:** © suze; **S. 106:** © Christine ten Winkel; **S. 108:** © Christine ten Winkel; **S. 118:** © mashiki; **S. 121:** © MPower; **S. 128:** © Bilderhascher; **S. 145:** © andyhoech; **S. 158:** © riskiers; **S. 158:** © riskiers; **S. 181:** © Natalia Maro, © markusspiske, © moeskate; **S. 185:** © Eva Blanco Fotografia.; **S. 189:** © Ulli Rickers; **S. 196:** © Chamille White; **S. 216:** © owik2; **S. 223:** © inkje; **S. 235:** © suschaa

Shutterstock.com:
S. 237: © Halfpoint; alle Illustrationen

© Andrea Langenbacher: S. 14; S. 35; S. 40; S. 47; S. 50; S. 51; S. 59; S. 61; S. 66; S. 68; S. 73; S. 79; S. 94; S. 95; S. 102; S. 103; S. 111; S. 112; S. 113; S.118; S. 125; S.131; S. 147; S. 153; S. 164; S. 178; S. 195; S. 201; S. 202; S. 211; S. 224; S. 225; S. 243; S. 244

© Stefan Weigand: S. 64; S. 86; S. 174; S. 231

Alle Lieder in diesem Buch können Sie online anhören unter:

www.vier-tuerme-verlag.de/aktuelles/
639-zusatzmaterial-zum-hausbuch

**Bibliografische Information
der Deutschen Nationalbibliothek**
Die Deutsche Nationalbibliothek verzeichnet diese Publikation in der Deutschen Nationalbibliografie. Detaillierte bibliografische Daten sind im Internet über http://dnb.d-nb.de abrufbar.

1. Auflage 2020
© Vier-Türme GmbH, Verlag, Münsterschwarzach 2020
Alle Rechte vorbehalten

Gestaltung: wunderlichundweigand
Umschlagmotiv: © shutterstock
Autorenfotos auf dem Umschlag:
© Hsin-Ju Wu (Grün), © Stefan Weigand (Langenbacher)
Notensatz: Matthias E. Gahr
Druck und Bindung: Pustet, Regensburg
ISBN 978-3-7365-0329-8

www.vier-tuerme-verlag.de